# Pyrénées

Jacques Jolfre

# Pyrénées

Photographies de l'auteur

**SUD OUEST**

# Nos Pyrénées sont si belles !...

La conquête des Pyrénées ne date pas d'hier ! Il faut remonter au Vᵉ siècle pour voir une première haute montagne gravie. Et par un évêque ! L'évêque Valier se percha, en effet, à la pointe d'un pic à l'imposante stature, culminant à 2 838 mètres. Cette montagne, fierté des Ariégeois, s'appela dès lors : le Mont Valier.

En 1276 — soit huit siècles plus tard — le roi Pierre III d'Aragon escalada les pentes du Canigou (alt. : 2 784 m) d'où il put contempler tout son royaume. En chemin, il vit (d'après un chroniqueur de l'époque) un dragon crachant des flammes et vomissant des cendres, sortir d'un lac et s'envoler !

Au XVIᵉ siècle — encore un évêque — le sieur de Foix Candale, d'Aire-sur-Adour, tenta de vaincre l'Ossau (alt. : 2 885 m) à la silhouette fascinante mais symbole du vertige !

C'est avec Reboul et Vidal qui montèrent au Turon du Néouvielle (alt. : 3 035 m) en 1787, puis avec Ramond de Carbonnières qui atteignit le Mont-Perdu (alt. : 3 355 m) en 1802 que commença vraiment l'exploration systématique des Pyrénées.

Le comte Albert de Franqueville s'associa avec l'officier russe Tchihatcheff pour conquérir l'Anéto, en 1842 qui, avec ses 3 404 mètres, est le point le plus haut de la chaîne.

Russel, Packe, Schrader, Brulle, les Cadier, Jean Arlaud... On ne peut tous les citer ! Noms prestigieux ! Et que d'ascensions !

Aujourd'hui, on peut considérer que les Pyrénées sont reconnues depuis les moindres recoins jusqu'aux arêtes les plus aiguës. Arrivons-nous trop tard dans ces montagnes où il n'y a plus place pour la découverte et la ''première'' ? La question est mal posée.

*Alors que juillet et août dispensent leur canicule, comme il est agréable de randonner dans la fraîcheur de la forêt d'Iraty. Les circuits sont variés, nombreux puisquelle s'inscrit parmi les plus grandes forêts européennes : 12 000 hectares. De quoi s'y perdre !*

*La Rhune (alt. : 900 m), première ''haute'' montagne que l'on rencontre depuis l'Océan. Elle est la montagne-emblème du Pays Basque. Vue depuis le joli site de la chapelle de N.D. de Socorri, avec, en premier plan, le village d'Urrugne.*

Bien sûr, si aux siècles derniers, les "explorateurs" avançaient en terrain vierge et étaient animés par cette fièvre de l'inconnu, reconnaissons que, actuellement, nous pouvons bénéficier de leur expérience. Des cartes furent dressées, maladroitement au début, entachées d'erreurs ou d'oublis. Mais maintenant, les fameuses "cartes de Randonnées" dues à l'I.G.N. permettent de nous y retrouver et de voyager à notre guise à travers vallons, ravins, crêtes et cols.

Et si l'on ne veut pas bêtement, comme un troupeau de moutons marchant derrière celui de tête, suivre les larges sentiers et les itinéraires fléchés ou balisés par d'énormes et nombreuses taches de peinture, alors c'est un peu comme si nous redécouvrions nos montagnes. Car, pour nous, elles seront inconnues et elles nous révèleront bien des surprises et des paysages superbes.

La meilleure façon de faire connaissance avec elles est d'effectuer la traversée de toute cette chaîne, de l'Océan à la Méditerranée, en arpentant une croupe, en nous plaçant sur un pic, en longeant un ruisseau, en franchissant un col. Vie sans contrainte, une façon de vagabonder en toute liberté dans une région aimée.

Et c'est un peu avec cet esprit-là que nous allons marcher et nous émerveiller tout au long de ces pages, en montrant les aspects les plus caractéristiques de chaque région parcourue.

Les Pyrénées ? Bien sûr, c'est tout d'abord l'Aneto, le sommet-roi. C'est aussi une infinité de pics que l'on gravit sac sur le dos, crampons aux pieds et piolet à la main.

Mais les Pyrénées, c'est encore un lever de soleil au spectacle hallucinant depuis la cime d'une montagne où l'on a bivouaqué par une nuit glaciale.

C'est un névé étincelant sous les feux de midi, qu'on remonte en taillant des marches pour atteindre le but convoité.

C'est une cabane isolée, délabrée peut-être, mais où nous serons heureux de nous abriter tant bien que mal d'un orage ou d'avoir un toit pour passer la nuit.

C'est un ruisseau au joyeux babil ou à la course affolée, où nous ferons un brin de toilette après plusieurs jours passés à courir la montagne.

C'est une fleur gracieuse et fragile que notre pied aura blessée malencontreusement et que nous regarderons de plus près avec un certain attendrissement.

C'est le spectacle d'un massif grandiose que nous surprenons depuis un col anonyme où nous venons de nous dresser.

C'est un percnoptère qui, en cercles harmonieux et serrés, joue, au-dessus d'une arête, avec les courants ascendants avant de disparaître dans un ciel où courent les nuages.

C'est un gouffre vertigineux que le spéléologue s'acharne à explorer jusqu'à ses profondeurs les plus mystérieuses.

C'est un lac silencieux que l'on côtoie au hasard d'une course, réfléchissant les parois d'un cirque avant que le souffle du matin n'en ride la surface brillante comme du mercure.

Oui, les Pyrénées, c'est tout cela. Et c'est pour cela qu'elles sont les plus belles montagnes du monde !...

*Sur une large croupe qui mène au sommet du pic d'Occabé (1 456 m), un des 26 cromlechs, témoins de l'occupation de la montagne, par des bergers, sans nul doute, il y a 40 à 50 siècles.*

*Le pic d'Orhy (2 017 m) est le premier ''2 000'' qui pointe au départ de notre longue chaîne de montagnes. Une fière allure de grand sommet souligné par des névés obstinés et tenaces.*

14

# Pays Basque

La Rhune, altitude 900 mètres. Son nom, en basque, suffit pour la décrire : "Larre-un", ce qui signifie : bon pâturage. Puissante pyramide vue des côtes de l'Océan, elle est la montagne symbole du Pays Basque. Montagne ? Colline plutôt, dirons les grimpeurs des nombreux "3 000". Mais qu'ils ne se moquent pas. Le grand Russell en fit l'ascension le 21 décembre 1865 : "Je trouve — a-t-il écrit — qu'il n'y a pas de spectacle plus imposant que celui de la mer vue du haut d'une montagne. Quand il n'y a dans le ciel ni un nuage, ni un souffle. En face de l'Océan qui dort, après tant de délires, notre âme elle-même se calme et s'assoupit mystérieusement sur lui".

Les temps ont bien changé. Aujourd'hui, 130 ans après, on y trouve bars, commerçants de souvenirs, antenne-relais de télévision, foule bruyante et petit train ! Mais, ignorez ce brouhaha localisé uniquement en ce point sommital. La montagne, elle, a su rester sauvage, même si le chemin de fer à crémaillère, en service depuis 1924, hisse là-haut les voyageurs embarqués au col de Saint-Ignace. Ses wagons aux compartiments de bois vernis, amplement ouverts, et sa lenteur (8 km/h) lui donnent l'allure des trains du far-west ; ce qui, finalement, le rend bien sympathique. Cependant, il n'y a ici ni cow-boys, ni indiens !

Si vous préférez la montagne à l'état pur et le silence, alors, montez par Ascain. Trois heures suffisent. Au milieu des "touyas" (landes d'ajoncs et de fougères),

*En page suivante :*
*Une phénoménale passerelle — datant de 1920 — tendue entre les deux murailles verticales du canyon d'Olhadibie. Elle balance à chaque pas lorsqu'on l'emprunte. Si l'on passe la tête entre les câbles qui la charpentent, on aperçoit le torrent qui roule ses eaux écumantes 140 mètres au-dessous !*

vous surprendrez la vie pastorale, avec ses bergers et leurs cabanes, leurs moutons et leurs pottoks. Les pottoks ? Une race de chevaux typiques du Pays Basque. Rustique, petit, crinière opulente, queue aux poils très longs. Sa vie en semi-liberté lui assigne un caractère un peu indompté.

Si vous avez l'œil d'un préhistorien, en vous dirigeant sur des replats, vous pourrez apercevoir les restes de dolmens et de cromlechs.

Sur un vaste plateau herbeux — mais, là, quarante siècles après ces vénérables vestiges — sinuent de longs murs construits en dalles de grès, sans utilisation de ciment, d'une hauteur de deux mètres pour une épaisseur de 80 centimètres. Il faut s'éloigner et s'élever un peu pour en comprendre l'ensemble et la structure : de forme polygonale avec six pointes, comme une étoile. Il s'agit d'une ''redoute'', ouvrage militaire témoin des guerres napoléoniennes ! Ce plateau de Korralehandia (ou de Mouix pour les militaires d'alors) constitue un parfait belvédère, et donc un observatoire de premier ordre. Derrière ces murailles, côté intérieur de cette forteresse, une sorte de banquette permettait aux défenseurs de prendre place pour tirer sur les attaquants. Le maréchal Soult avait fait installer là une importante garnison. Tout d'abord, les 7 et 8 octobre 1813, 20 000 soldats de Wellington mirent à mal les troupes françaises qui subirent de grosses pertes. Les rescapés résistèrent durant un mois aux tentatives d'assauts lancés avec l'aide de tirs d'artillerie.

Fatigués, démoralisés par ce long siège, et en nombre inférieur, le 10 novembre, les Français furent contraints de battre en retraite.

On trouve encore beaucoup de redoutes éparpillées dans tout le Pays Basque. Celle d'Urculu, dressée sur le sommet d'un mont, à 1 419 mètres, serait là... 18 siècles avant Napoléon. Une bien mystérieuse construction que cette tour circulaire s'élevant encore à près de quatre mètres de hauteur, pour un diamètre d'une vingtaine de mètres, avec des murs de 3,65 m à la base. Tour de guet ? Monument célébrant la conquête de l'Aquitaine par les troupes romaines dont la phase finale se situe vers 27 - 26 avant Jésus-Christ ? Un berger, que je rencontrai un jour aux abords de sa cabane, me ''renseigna'' : ''Oh ! Ça ? C'est une ruine ! Paraît que ça date de 70 !''... Mais il oublia de me préciser de quel siècle...

18

Le sommet d'Occabé (alt. : 1 456 m) est le type même des collines du Pays Basque : forêts sombres de hêtres et de sapins alternant avec des pâturages verdoyants et gras, troupeaux de moutons dispersés sur les croupes arrondies, panorama sur un océan de montagnes étalant toutes les nuances du vert, se bousculant jusqu'à l'horizon embrumé. Occabé n'est pourtant pas une colline comme les autres, car, sur sa crête nord aux longues ondulations, les pasteurs protohistoriques ont bâti une nécropole : vingt-six cromlechs. Cercles de quelques mètres de diamètre matérialisés par des pierres fichées verticalement, isolées, ou en ligne. Au centre, une ciste (sorte de coffret en pierres plates) recueillait les cendres des défunts, avec quelques outils ou quelques parures, ce qui permit la datation de ces tombes : 2 000 à 3 000 ans avant notre ère (époque du bronze et du fer). En toile de fond de ce cimetière des âges révolus, le pic d'Orhy (alt. : 2 017 m) et le majestueux pic d'Anie (alt. : 2 504 m) dans le flou des lointains.

Avec cette montagne au passé émouvant, on accède à la forêt d'Iraty couvrant, étouffant un moutonnement de collines partagées par trois provinces basques (Soule, Basse-Navarre et Navarre), à cheval sur la frontière franco-espagnole. D'une superficie de 12 000 hectares (dont 2 310 hectares en France), elle compte parmi les plus grandes forêts européennes. Circuler sous les voûtes de feuilles lumineuses des hêtres filtrant les rayons puissants du soleil de midi, marquer une pause au pied de ses sapins majestueux de 40 à 50 mètres de hauteur est un enchantement. Mais, que de randonneurs, par temps de brouillard, ou bien inexpérimentés, se sont égarés dans ces labyrinthes de troncs au point de bivouaquer à "la belle étoile" ou... à "la belle ondée", sous ces plafonds naturels de chlorophylle.

Aujourd'hui — hélas — la civilisation de l'argent et des loisirs a tracé des dizaines et des dizaines de kilomètres de pistes à grand renfort de bulldozers et de pelles-mécaniques pour drainer les pratiquants du ski de fond. Le vrai skieur, l'amoureux de la nature et de l'effort, avait-il besoin de ces "skiodromes" ? Un garde forestier m'a précisé qu'il était interdit (sous peine de procès-verbal) de planter la tente sur les pelouses : "Ça esquinte l'herbe"... Pensez donc : deux mètres carrés d'herbe foulée ! Et ces hectares de forêt détruite et transformée en boue collante et en ornière lors des pluies ? Mais chut ! Ça amène de l'argent, ça crée des emplois

*Cabane de berger dans le Pays Basque. Forêts profondes et sombres, pâturages verdoyants. Comme ils sont heureux ces bergers qui passent les meilleurs mois de l'année dans ces paysages paisibles, loin du monde et du brouhaha des villes. Existence rude, toutefois ; mais en échange le bonheur de vivre en parfaite harmonie avec la nature.*

*Quelle grandeur et quelle majesté dans cette chute jaillissant de la montagne. Quel est son parcours souterrain ? quelle est son origine ? Depuis plus d'un demi-siècle les spéléologues (dont Norbert Casteret au tout début) tentent de percer son mystère.*

pour l'hiver (des chômeurs en été...) et c'est surtout le cheval de bataille des candidats aux élections !

Calmons notre indignation en remontant un peu vers le nord, à une dizaine de kilomètres à vol de... chocard ou de buse. Aux abords de la forêt des Arbailles, au col d'Aphanicé (alt. : 1 055 m), au beau milieu d'un pâturage, la fonte des neiges, au cours du printemps 1971, crée un effondrement de terre. Cette ouverture donne accès à un bel abîme de 504 mètres de profondeur recélant une verticale absolue de 328 mètres ! Le 6e grand puits du monde, à cette époque-là.

A proximité du village de Mendive, à l'ouest, et aussi sur les hauteurs des crêtes de Lecumberry, des dalles de pierre monumentales dressées et disposées curieusement intriguent et interrogent le promeneur. Ce sont tout simplement des dolmens. "Tout simplement" ? Des monuments mégalithiques du temps de Chéops !

Le pic d'Orhy est le premier "2 000" (alt. : 2 017 m exactement) que l'on rencontre depuis l'Océan. Il a fière allure vu du sommet d'Occabé, par exemple, ou au cours d'une randonnée face à son versant nord. Avec son sommet aux plissements calcaires convulsés, porté comme une statue par un soubassement de mamelons tous revêtus de hêtres, il paraît austère et prêt à se défendre de toute ascension. Oui, par là, il sera difficile de le gravir. Mais, finalement, vous aurez raison de lui en le prenant à revers. Depuis le port de Larrau (alt. : 1 573 m), vous l'aurez "dans la poche", par une marche agréable le long d'une crête où s'échelonnent des postes de chasseurs de palombes disposés comme un peloton d'exécution face au mur de la mort.

Du sommet, l'œil retrouve assez mal les différents sites traversés jusqu'ici, à cause de la brume. Par contre, vers l'est, une foule de pics invite à presser le pas : massifs d'Ansabère et d'Anie, entre autres, qui sont comme les piliers d'un portail grand ouvert sur la haute montagne, pourtant encore lointaine bien que visible.

Avant d'atteindre ces cimes, penchez-vous sur la carte I.G.N. A l'est du village de Larrau, un relief étrangement représenté souligne trois torrents et des falaises tourmentées. Ce sont des gorges, des "crevasses". Les deux premières confluent pour déboucher au pont de Laugibar. Par un bon sentier on remonte jusqu'à la jonction de ces deux canyons. Un peu en amont, une vertigineuse passerelle — sorte de pont de singe constitué de câbles — enjambe la gorge d'Olhadibie dont le torrent gronde 140 mètres au-dessous. Au-delà, la sente continue pour se diviser en deux branches. Celle de gauche longe, par la lèvre supérieure, la crevasse d'Olhadibie jusqu'à son origine (randonnée superbe), celle de droite surplombe le ravin d'Holçarté, d'un intérêt équivalent.

Pour le ''canyoniste'', la descente par le fond de ces gorges est une extraordinaire aventure. Facile (relativement) pour Holçarté qui se résume, en fait, à une progression aquatique ; extrêmement sportive pour Olhadibie : nombreuses cascades puissantes et glaciales, biefs aux tourbillons inquiétants, roche glissante. Gymnastique garantie sur une longueur de 4,5 km pour une dénivellation de 440 mètres, entre des falaises resserrées et verticales de plusieurs centaines de mètres de hauteur. Les échappatoires sont rares, et les crues redoutables ne laissent pas place à l'insouciance.

La troisième crevasse — Kakouetta — se divise en deux parties. Celle d'amont, que l'on attaque très haut, à l'origine du ravin, est une succession de bassins et de cascades modestes mais nombreuses. Cinq heures sont nécessaires. L'aval s'aborde aux environs de Sainte-Engrâce, avec passage obligé à un guichet (un bar) où vous devrez prendre votre billet ! Je l'ai connu il y a une trentaine d'années. La remontée n'était qu'une amusante marche dans l'eau où l'on pataugeait et s'aspergeait à qui mieux-mieux. Quelques biefs profonds s'évitaient en montant sur des blocs ou par une varappe facile. L'on parvenait ainsi jusqu'à une cascade majestueuse, grondant, superbe, giclant d'une énorme ouverture dans la paroi de la rive droite, à plus de 20 mètres de hauteur.

*En pages suivantes :*
*Le village de Lescuns entouré de sommets calcaires aux arêtes effilées, aux sommets élancés qui forment le cirque d'Ansabère.*

Aujourd'hui — et ce depuis une bonne quinzaine d'années — un ''aménagement'' fait de câbles tendus, de passerelles, de vires, de plates-formes métalliques, serpente sur les deux kilomètres de la gorge, enlaidissant le paysage. Bien sûr cette réalisation peut être louable (bien que le rapport financier soit à l'origine) puisque la progression s'opère sans toucher l'eau et en chaussure de ville, mais cela au détriment de la beauté du site.

Au café, point de départ, notons cependant une très intéressante et complète documentation. Au sujet de la cascade — but de cette randonnée — vous pourrez lire :

''En novembre 1937 : crue. Une précipitation dépassant 250 mm en 36 heures fait monter les eaux de 32 mètres dans la gorge, en faisant des victimes jusqu'à 30 km en aval. Le débit de la gorge reste anormalement élevé pendant les 9 mois suivants, au point d'en interdire l'accès.

''En fin août 1938, Norbert Castéret et Max Cosyns constataient que la cascade débitait plusieurs mètres cubes/seconde, tandis que les autres cascades étaient normales. Pour alimenter cette grande cascade à plus d'un mètre cube/seconde en sus du débit normal pendant 9 mois, il faudrait avoir emmagasiné une réserve de 25 000 000 m³ alors que le bassin versant de la cascade qui ne semble pas dépasser 10 km² n'aurait pu capter que 2 500 000 m³ lors de la crue.

Le mystère demeure entier !'' (1)

---

(1) Le mardi 16 juin 1992, entre 18 h et 21 h, des orages d'une violence inouïe font déborder les torrents, arrachant des tronçons de route de Sainte-Engrâce. Les gorges de Kakouetta sont balayées par une crue phénoménale qui entasse des alluvions, des graviers et des sables sur 4 à 6 mètres d'épaisseur, et qui arrachent la plupart des équipements. Ce site, dans cet état actuel, ne peut plus se visiter. Mais, la vie reprendra le dessus et gageons que l'année suivante, des passerelles, des vires et des sentiers endeuilleuront à nouveau la gorge...

# Béarn

Lorsque l'on redescend de n'importe quel sommet et que l'on gravit le pic d'Anie (alt. 2 504 m), le spectacle que l'on surprend n'en est que plus grandiose, stupéfiant et insolite. A perte de vue : des plateaux de roche blanche, percés, taraudés par l'eau de ruissellement ; des cassures, plaies béantes du calcaire. Le massif d'Anie ? Un paysage de désolation, sans source, sans rivière, sans herbe. Jusqu'à l'horizon, jusqu'aux limites du regard... Le plus grand lapiaz d'Europe !

J'ai eu la chance de le survoler en hélicoptère. L'altitude accentue le relief : immensité de roche et de mystère. Armstrong et Aldrin, en 1969, alors qu'ils survolaient le sol lunaire, à bord du L.E.M., à la recherche de la Mer de la Tranquillité, devaient avoir le même spectacle... les quelques pins en moins, bien sûr.

Rien d'étonnant à ce que cette région attire les spéléologues du monde entier. 1953 vit le succès de l'exploration du gouffre de la Pierre-Saint-Martin (découvert trois ans plus tôt) qui devint alors le plus grand de la planète (avec ses 728 mètres de profondeur). Cet abîme, situé à peu de distance du col du même nom, est vraiment unique. Tout y est gigantesque. Un puits vertical de 346 mètres (la première verticale du monde) que les explorateurs affrontèrent au treuil, et c'est tout de suite une succession de salles aussi vastes les unes que les autres ; la dernière, cependant, battant tous les records avec ses 230 mètres de longueur pour 180 mètres de hauteur et 180 mètres encore en largeur ; volume estimé à 3 millions de m³.

Dans les années qui suivirent, de nouvelles expéditions permirent de découvrir des prolongements importants et d'autres gouffres débouchant justement dans celui-ci. Du coup, ce réseau souterrain s'approfondit et atteint à ce jour 1 342 mètres de dénivellation pour 54 kilomètres de développement sous le massif.

*L'Aiguille sud (appelée aussi le "Spigolo") du pic d'Ansabère. Même en plein mois d'août, on ne se bouscule pas sur ses parois verticales ou en surplomb !*

*Du vide partout, à donner le frisson ! Et pourtant le sommet même du pic d'Ansabère (2 377 m) s'atteindrait presque en V.T.T., mais pas par cette face...*

Mais ne quittons pas ces confins du Pays Basque sans porter nos pas, plus au sud, au cirque d'Ansabère. Lescuns : village calme, paisible. Ce pâté de maisons fait penser à une table d'orientation judicieusement dressée au meilleur endroit du site. De gauche à droite, du sud au nord : pics Rouge, de Burq, Lériste, Laraillé, d'Ansabère, des Trois Rois ; avec le Dec de Lhurs et le Billare proches à les toucher ! Tous dépassent à peine les 2 000 mètres, mais quelle majesté ! Point n'est besoin d'être un "3 000" pour fasciner, pour susciter l'admiration et pour donner l'envie d'y grimper. Il faut gravir le pic d'Ansabère (alt. : 2 377 m), marche facile malgré ses falaises abruptes, car on le feinte par derrière, par l'ouest.

Là-haut, on aperçoit brusquement la "Grande Aiguille" collée, parallèle, à la face verticale du sommet. D'une hauteur vertigineuse, elle prend naissance à la base même du pic d'Ansabère. Son ascension fut tentée pour la première fois le 24 juin 1923 par Armand Calame et Lucien Carrive. Ce dernier se tua dans une chute épouvantable par suite d'une rupture de corde. Son compagnon périt à son tour lorsqu'il tenta de redescendre.

Aussi terrifiante est l'"Aiguille Sud". Elle ne se dresse "que" sur 350 mètres, mais sa première ascension (1967) exigea 42 pitons à expansion, une cinquantaine de pitons d'escalade et... quatre bivouacs dans la muraille. Avis aux amateurs !

Avec l'Ossau et sa splendide région nous entrons enfin au cœur du Béarn. Si vous mourez sans avoir parcouru ce massif unique, vous aurez — de "là-haut", du Paradis — la nostalgie de la Terre ! Alors, n'attendez pas plus.

Les lacs d'Ayous ? Superbes ! Grandioses !... Les qualificatifs les plus exaltés ne peuvent traduire la magnificence du site. Par le large GR 10, vous remontez tout d'abord la vallée boisée de Bious. Une heure et quart de marche dans la fraîcheur matinale, et vous voilà émergeant au premier lac de Roumassot. Ce lac, comme ceux que vous trouverez au-dessus, tout-à-l'heure, reflète le prestigieux sommet. Ce n'est pas sans raison qu'on les a surnommés : "les Miroirs de l'Ossau".

Continuez, et votre marche vous mènera un peu plus haut au lac Gentau, après avoir effleuré celui du Mey. Là, à 1 982 mètres d'altitude, se dresse, imposant, le refuge d'Ayous. En gagnant sur la gauche le lac Bersau (alt. 2 077 mètres), vous pouvez effectuer un circuit en boucle pour retomber sur le vallon de Bious.

Lorsque vous aurez accompli la randonnée des lacs d'Ayous, vous ne rêverez plus que d'une chose : faire le tour de ce massif de l'Ossau. Le "tour de l'Ossau" : promenade facile ; rien de plus simple et de plus beau à la fois. Les premiers rayons du soleil levant inondent les murailles sombres du pic, les hardes d'isards gambadent sur les crêtes. Plus haut, à peu de distance du refuge C.A.F. de Pombie (alt. : 2 031 m), les parois verticales vous renverront en échos dispersés, le cliquetis des mousquetons et le "chant" des pitons, car des grimpeurs affrontent sans cesse ces falaises du vertige. Après six heures de marche par l'excellent sentier qui ceinture l'Ossau, vous aurez fermé la boucle, avec plein de merveilleux souvenirs dans la tête.

Si vous êtes montagnard, il serait dommage de quitter cette région sans gravir ce belvédère céleste qu'est ce pic. S'il y a un chemin qui zigzague, raide, jusqu'à la pointe sommitale, il vous faudra néanmoins escalader trois cheminées. Elles sont équipées de barres, de "crampons". Une corde sera utile pour ceux qui n'ont pas le pied agile.

En vous conduisant maintenant et directement à Cauterets, j'ai honte ! Honte de vous faire sauter tout un ensemble de sites merveilleux, comme par exemple le cirque grandiose du lac d'Artouste (alt. : 1 991 m). Si vous êtes fatigué par la longue ascension de la veille, alors prenez le "petit train d'Artouste" qui vous trimbalera gentiment jusqu'au lac, en cheminant sur près de 10 kilomètres à 2 000 mètres d'altitude, en suivant une voie taillée dans le roc. C'est le train le plus haut d'Europe. Pourquoi ne pas s'insurger contre cette mécanisation dégradante et envahissante de la montagne ? Elle fut créée pour les besoins des captages hydroélectriques et notamment pour la construction du barrage du lac, il y a plus de 70 ans. Ces travaux achevés, au lieu de laisser ces installations rouiller et souiller ce versant, le tortillard fut maintenu et entretenu pour le plaisir des touristes.

Voici enfin Cauterets aux multiples possibilités de randonnées dans ses vallées, à la découverte de ses lacs, ou, mieux, aux nombreuses ascensions sur ses sommets frôlant ou dépassant les 3 000 mètres. Parmi ces balades ou ces courses, trois régions sont à parcourir absolument.

*Massif de l'Ossau. Le soir arrivant, les bergers font redescendre leurs troupeaux dans la vallée de Bious Artigues.*

*Depuis les lacs d'Ayous, l'Ossau (2 884 m) attire, l'Ossau fascine par son imposante stature qu'on a constamment sous les yeux.*

**La vallée de Lutour et le lac d'Estom (alt. : 1 804 m).** Un chemin longe le torrent de Lutour qui gronde parfois en cascades. Il est tellement commode, ce chemin, sans problème, en pente douce et s'étirant, rectiligne, dans un cadre très beau et très sauvage, qu'on atteint le lac sans s'en apercevoir. Et là : quel paysage ! Quel cirque grandiose !

Le courage vous titille ? Alors, n'hésitez pas. Grimpez, grimpez encore jusqu'au col des Gentianes (alt. : 2 729 m). Quel nom chargé de poésie ! Au passage, vous côtoyez le lac Glacé (il n'a de glacé que le nom). Puis émergeant au col lui-même, c'est le coup de théâtre, c'est l'apothéose. Devant vous, presque à une portée de voix (vous entendez le fracas des cascades) s'incline le glacier sinistrement crevassé du Vignemale dominé par le pic prestigieux (alt. : 3 298 m). Le spectacle est sublime, grandiose ; à vous faire mettre à genoux...

**La vallée du Marcadau, le lac d'Aratille et les lacs de Cambalès.** Le départ se fait du Pont d'Espagne où une piste, puis un très bon sentier traverse de grands plateaux et sinue dans des forêts obscures. Il faut remonter cette vallée en hiver. Les branches des sapins ployant sous la neige, les ruisseaux serpentant dans les marécages donnent l'illusion de parcourir le Grand Nord canadien !

En été, c'est une agréable balade au milieu des ruisselets, des pins aux troncs convulsés, aux racines s'agrippant aux rochers de granit comme les tentacules d'une pieuvre enserrant sa proie. Deux heures suffisent pour atteindre le refuge Wallon. Là, étant sorti de la forêt, on découvre devant soi de nombreuses gorges où les torrents dégringolent comme s'ils jouaient. Que de circuits à réaliser depuis cette base. Le lac d'Aratille, le pic de la Grande Fache (alt. : 3 005 m), le chapelet des lacs de Cambalès. Gourgs timides grelottant sous les berges de glace au fond d'une conque, étangs aux vaguelettes claquant sur les rives rocheuses.

**La vallée de Gaube et le Vignemale.** A quelque 200 mètres avant le Pont d'Espagne, le GR 10 grimpe allègrement au milieu d'une forêt de sapins où flotte l'odeur de résine. La beauté du sous-bois et le silence du vallon font oublier la raideur du sentier, si bien qu'après une heure de progression on s'écrirait :

"Déjà !", en débouchant sur les berges du lac de Gaube (alt. : 1 725 m), considéré comme l'un des plus beaux des Pyrénées. A maintes reprises et en plein décembre, je l'ai traversé par sa diagonale, en son milieu, à pied ou à ski. Sa surface entièrement glacée lui donnait la planéité de Longchamp. Avec, cependant, 30 ou 50 mètres de profondeur d'eau sous les pieds !

Une légende tenace affirme qu'un couple d'amoureux, le jour de leur noce, pagayant sur un minuscule canot, loin des rives, aurait chaviré. A chaque anniversaire de leur mariage, le promeneur silencieux qui arpente les berges peut entendre les cloches d'une église fantôme engloutie sonner au fond du lac meurtrier.

Oublions cette triste histoire et remontons encore le vallon, longuement, très longuement. Vous atteignez le refuge des Oulettes, l'un des plus grands et des plus confortables des Pyrénées. La face nord du Vignemale, à deux pas, vous hypnotise ! La terrible face nord du pic, le célèbre couloir de Gaube qui tente bien des grimpeurs, le glacier aux crevasses béantes et lugubres...

De ce refuge, après une bonne nuit de récupération, on peut "faire" le Vignemale en le prenant à revers ; col d'Ossoue et remontée du long glacier, lui aussi, affreusement crevassé. Le Vignemale... Un grand pic tellement attachant que Russel l'avait acheté, ou plutôt loué, par un bail de 99 ans.

Il faut bivouaquer au sommet même, à 3 298 mètres d'altitude, pour assister, envoûté, ébloui, au coucher de soleil, dans un fantastique ballet de nuages et de lueurs fulgurantes de l'astre incandescent. Et si la brume recouvre la terre, des flancs du pic jusqu'à l'infini, quelques hautes montagnes émergent comme des archipels à la surface de l'Océan. Contre ces îles dispersées dans cette ouate impalpable, les nuées frappent en silence pour rebondir, jaillir, s'élancer et disparaître comme l'écume d'une mer furieuse jetée sur les rochers d'une crique.

*Cauterets - Vallée de Lutour. Un très bon sentier remonte cette vallée en longeant le torrent. Quelques cascades en interrompent le cours tranquille par leurs grondements et leur chute blanche comme neige.*

*Cascade du Pont d'Espagne. Cauterets est le pays des cascades, blanches d'écume, soulevant des embruns qui rafraîchissent le randonneur s'en approchant.*

# Bigorre

Le cirque de Gavarnie ? La plus grande arène naturelle du monde avec ses 3 600 mètres de circonférence à la base. Formé de murailles verticales hautes de 1 700 mètres étagées en trois gradins concentriques, zébré de glaciers suspendus, balafré par de nombreuses cascades, cet amphithéâtre géologique sert de piédestal à de célèbres ''3 000''. Pics du Marboré (3 248 m), de l'Epaule (3 073 m), de la Cascade (3 157 m), de la Tour (3 009 m), du Casque (3 006 m)... Sur sa gauche s'écroule une formidable cascade de 423 mètres de hauteur, la plus haute d'Europe. Son origine ? Un petit lac, souvent glacé, sur les pentes du Mont-Perdu (3 355 m), dont les eaux se perdent dans une fissure du sol. Après un trajet souterrain de plusieurs kilomètres, le torrent revoit le jour en haut du fameux cirque. Pendant des années, des spéléologues ont cherché à déboucher dans ce cours hypogé ; ils y ont réussi.

**La Brèche de Roland.** Deux itinéraires pour y parvenir. Pour le poète, pour l'amateur de la solitude, de l'effort et du grandiose, il faut gagner le fond du cirque, puis, en suivant un sentier bien marqué mais un peu aérien, on s'élève dans les murailles, sur la droite, par l'''Echelle des Sarradets''. Lentement, peu à peu, le paysage éclate, le décor géant s'entrouvre. La grandeur impressionnante des parois et leur fascinante harmonie vous troublent. On grimpe ainsi en plein cœur du vide, de ressaut en ressaut, de gradin en gradin. Après cette rude mais facile escalade, par un vallon sympathique on arrive enfin au refuge de la Brèche de Roland, à 2 587 mètres d'altitude, après une grimpée de 3 ou 4 heures depuis Gavarnie.

Deuxième itinéraire : par le col de Boucharo (2 270 m) auquel on accède en voiture. Le sentier longe la base du Gabiétou (3 034 m), puis du Taillon (3 144 m).

Effrayante par cette face nord quasi verticale, séparée par un glacier déchiré par des crevasses tristes comme la mort et effondré en séracs. Plus loin, un névé pentu mène au col des Sarradets (2 589 m). Et là, c'est le coup de théâtre. Devant vous : le cirque vu en enfilade. En face, le Marboré aux plissements calcaires stupéfiants qui font imaginer les forces prodigieuses qui formèrent la chaîne des Pyrénées, à l'ère tertiaire. En plein milieu des murailles, la chute étourdissante de la Grande Cascade. Son grondement parvient jusqu'ici ! Sur la crête du cirque, les pics de la Cascade, de l'Epaule, de la Tour, du Casque... Autant de "3 000", comme des dents d'une scie gigantesque.

Puis, à deux pas (cinq minutes), apparaît le refuge de la Brèche de Roland, comme en équilibre sur sa base rocheuse. On a rejoint le terminus du premier itinéraire. Elevant le regard vers le sud, le spectacle devient encore plus grandiose, encore plus étourdissant. Ecrasant ! Cadre unique : une altière falaise de 100 mètres de verticalité, s'étendant sur des kilomètres, coupée brutalement par une entaille démesurée. C'est la Brèche de Roland. La légende veut que Roland, à grands coups de son épée, Durandal, ouvrit cette brèche dans la paroi pour échapper aux Sarrasins...

De l'autre côté — donc versant espagnol — s'ouvrent plusieurs grottes découvertes par Norbert Casteret, à presque 3 000 mètres d'altitude. Monde souterrain étrange et fantastique où la glace édifie des monuments, des pagodes, des piliers tout le long de galeries empruntées par un courant d'air dont la température est si basse qu'il congèle tout sur son passage.

Toujours de la Brèche, portant votre regard devant vous, encore vers le sud, vous comprendrez que l'infini ne peut se décrire ni s'expliquer. On en subit le mystère et on fait silence. Jusqu'aux bornes de la terre, ce n'est que moutonnement de sommets. Baignées dans la lumière vaporeuse propre aux lointains, les

*En pages suivantes :*
*Le Tuc de la Pahule, malgré sa faible altitude (2 292 m), n'en demeure pas moins un excellent belvédère pour contempler le cirque de Gavarnie dans toute son ampleur.*

montagnes aragonaises et la fameuse Sierra de Guara aux canyons enchanteurs vous laissent méditatif. Canyons de Mascun, de Gorgas Negras, de Barcès, de la Péonéra, du rio Véro. Leur descente en rappel au milieu des cascades et des biefs limpides combine le beau à l'aventure.

Une dernière fois, retournons à la Brèche. Presque à nos pieds, bée une immense crevasse ; c'est la vallée d'Arazas (ou d'Ordesa) qui fait penser au grand Canyon du Colorado. De nombreux itinéraires s'infiltrent dans ses paysages les plus secrets. Plusieurs vires naturelles (les ''fajas'', en espagnol) suivent sur des kilomètres et à différents niveaux les murailles verticales ; terrasses aériennes où l'on réalise sa petitesse et sa fragilité. La randonnée la plus spectaculaire, peut-être, aborde les crêtes méridionales qui ondulent à plus de 2 000 mètres. Durant tout ce parcours, on surprend le revers sud du cirque de Gavarnie hérissé de ses ''3 000'', tandis que, sous nos pieds, le rio Arazas gronde dans les bas-fonds, 1 000 mètres plus bas.

''Frère jumeau'' d'Arazas, le canyon de Niscle (à l'ouest) revêt un caractère beaucoup plus sauvage. Hormis la remontée par le fond, sur les rives du rio Vellos, dans un décor bon enfant, au départ du moins, les autres possibilités de randonnées n'attirent pas les foules à cause du milieu austère et des itinéraires pas toujours évidents à déceler. Et c'est tant mieux. Le pic de Sestrales (2 106 m) s'avère être un mirador exceptionnel, en surplombant cette crevasse : vue vertigineuse, plongeante dans les profondeurs de la gorge, spectacle féérique, au nord, sur le Mont-Perdu, le Soum de Ramond et las Olas (des ''3 000''), vision sur les lointains bleutés par la brume du soir d'où émergent mille sommets, dont le Cotiella (2 912 m) et la Pena Montanesa (2 291 m).

Encore moins fréquentés et très sportifs sont les canyons dits ''du Mont-Perdu''. Ils dévalent, en à-pics sombres balayés par des cascades glaciales, les pentes de las Puntas Verdes (région de Revilla - Escuaïn) ; barrancos de Consusa, d'Angonès, de la Garganta. La remontée de la Garganta d'Escuaïn est une magnifique balade dans une cassure profonde, parfois obscure, envahie par une végétation luxuriante accrochée aux falaises.

L'approche de tous ces canyons taillés, taraudés sur des pentes abruptes et arides, fait traverser parfois des villages abandonnés. Une visite dans ces maisons délabrées, ouvertes à tous vents, rend le cœur mélancolique. Cheminées aragonaises qui rassemblaient jadis toute la famille, vieux meubles, tables, lits laissés sur place, églises aux autels pourris par les gouttières, aux statues où nul bouquet, à plus jamais, ne viendra fleurir les pieds... Images de désolation et de tristesse. Parfois, un "vieux" qui a refusé l'exode se meurt lentement dans une masure qu'il entretient tant bien que mal. Parfois, un berger loge ses troupeaux, le soir, dans les pièces désertées et défoncées.

Ne quittons pas cette région de Gavarnie - Mont-Perdu sans avoir fait une ascension au Balcon de Pinède qu'on atteint en trois heures ; départ de la vallée de Pineta. Là, à 2 600 mètres d'altitude, le spectacle sur l'enfilade de la vallée, sur le glacier dégringolant de la face nord du Mont-Perdu, sur le lac glacé du Marboré est à couper le souffle. C'est du grandiose, du beau et de l'émouvant...

**Le cirque de Troumouse.** J'ai connu Troumouse, il y a une trentaine d'années. Il fallait partir de Héas, sac sur le dos, par un sentier, pour une petite marche d'une heure et demie. On dormait le soir dans une cabane (en ce temps-là, elle était propre), et, le lendemain, pile électrique à la main, on partait pour la Munia (3 133 m), pour las Louseras (3 003 m) ou pour ailleurs.

Aujourd'hui, une route goudronnée, à péage (...toujours cet appât de l'argent) — et de plus dans le Parc National ! — conduit des milliers de voitures en plein cœur du cirque. Finie la fééric désertique de ces montagnes, finis la solitude et le clapotis mélodieux des lacs des Aires. Partout, ce ne sont que parasols, paniers en osier contenant le casse-croûte et transistors. La montagne est à tout le monde ? Oui, bien sûr, à tous. Mais encore faut-il la mériter. Un peu comme un salaire est la récompense d'un travail, le plaisir de la montagne est celle de l'effort. Devant l'affluence des foules due à cette route, il est question... de l'interdire ! Curieux paradoxe !... La montagne conservera à jamais sa plaie de goudron.

Aussi vaste que le cirque de Gavarnie (certains affirment plus), celui de Troumouse écrase moins et frappe moins l'esprit. On doit quitter le parking bruyant pour retrouver le calme et le silence. C'est le paradis des marmottes, et on les entend

*Cauterets - Après le lac de Gaube, marchez encore durant 2 à 3 heures pour découvrir, d'abord, le calme dû à l'éloignement et, surtout, le spectacle sublime du Vignemale (3 298 m), vu par sa face nord. J'oserais affirmer que c'est là la plus belle montagne des Pyrénées !*

*Cauterets - Le lac de Gaube où tous les jours de l'été les touristes affluent par centaines, par milliers, grâce (ou... à cause) d'un télésiège qui les hissent là, pour leur éviter tout effort ! Pourtant, il suffit de marcher pendant une heure sur un sentier fort agréable s'infiltrant sous des sapins séculaires.*

siffler, dressées sur les blocs, inquiètes ou curieuses, prêtes à sauter d'un bond dans leur terrier.

Pour apprécier la beauté de Troumouse dans toute son ampleur, il est indispensable d'en faire le tour par les crêtes qui oscillent toujours autour des 3 000 mètres. La vue admirable dont on jouit à chaque pointe, à chaque brèche, cette sensation aérienne de circuler entre ciel et terre font oublier les misères et les bassesses du monde. L'âme se trouve exaltée, portée vers le recueillement et la contemplation. En suivant le fil de l'arête (où il est prudent de s'encorder parfois), on foule la cime de cinq "3 000" : pics Heid (3 022 m), de Troumouse (3 085 m), de Serre-Mourène (3 090 m), de la Petite Munia (3 096 m), de la Munia (3 133 m).

**Le pic du Midi de Bigorre (alt. : 2 865 m).** Ce pic mérite une mention très particulière. A moins d'y monter par la vallée de Lesponne, le lac Bleu, le lac Vert et le col d'Aoube — itinéraire fort long, mais de toute beauté — son approche par la route, puis par le téléphérique est le moyen rapide (et aussi sans gloire !) pour le visiter : car on visite ce sommet comme on visite un monument.

Un monument ? D'abord, c'en est un, puisque deux imposantes bâtisses coiffent sa cime. L'une abrite le relais de télévision, avec son antenne de 105 mètres de haut, qui est une sorte de dispatching des émissions T.V. L'autre constitue l'observatoire mondialement connu (200 000 visiteurs par an). Construit sur ce désert de bourrasque et de froid (vent de plus de 200 kms/heure, parfois en hiver), grâce à l'entêtement des hommes qui luttent depuis un siècle pour créer et maintenir ce siège à la science astronomique, il protège de précieux instruments et téléscopes pointés vers les étoiles. L'un d'eux mesure deux mètres de diamètre et il est entièrement piloté par ordinateur. On a réalisé d'importantes observations sur le rayonnement cosmique, sur la surface et la couronne solaire. Des photos extraordinaires du sol lunaire, prises ici, ont servi à préparer les vols américains sur notre satellite.

Du sommet, le panorama s'ouvre très vaste et très beau, des montagnes basques et de l'Ossau jusqu'aux cimes de l'Ariège et de l'Andorre, avec, au centre, les "grands" : Enfer, Mont-Perdu, Monts-Maudits...

46

**Le massif du Néouvielle (alt. : 3 091 m).** A lui tout seul, il est la synthèse de tout ce qui fait le charme des Pyrénées. Silhouette impériale aux pentes de granite soulignées, çà et là, par quelques névés tardifs... Cent lacs le ceinturent. Et, depuis le col d'Aubert, c'est la vue harmonieuse sur ceux, étagés, d'Aumar, d'Aubert et sur les ''Laquettes''. Des pelouses traversées par mille petits ruisseaux aux eaux exubérantes et claires, des bosquets de pins rouges couronnant des escarpements rocheux... Quelle splendeur lorsque, au petit jour, la pointe du pic jaunit, alors que les lacs encore dans l'ombre et noirs comme l'âme du diable, frissonnent sous la brise matinale, alors que des rhododendrons goutte la rosée de la nuit.

Le Néouvielle n'est pas seulement un massif pour le montagnard ; il est aussi le paradis pour le pêcheur, le botaniste, le promeneur, le photographe. Et dire qu'il y eut le projet d'une route (la ''Route des Lacs'') qui devait longer tout ce paysage lacustre, serpenter sur les pentes de rocs et de fleurs pour rejoindre Barèges, en avilissant encore les lacs d'Escoubous. L'homme des villes aime-t-il tellement le goudron, le béton, le bruit infernal des moteurs puants et pétaradants, les gaz d'échappement des voitures pour les implanter encore dans un cadre si pur et si beau ? Heureusement, ce projet fut abandonné sous la pression des écologistes, du C.A.F. et du Parc National. La montagne est à tout le monde ; mais surtout pas aux spéculateurs, aux promoteurs, aux Harpagon qui s'endorment, le soir, sourire aux lèvres, en rêvant de pièces d'or débordant de leur coffre ; pas plus qu'aux candidats aux élections recherchant des voix par des promesses, destructrices, de créations d'emplois...

*En pages suivantes :*
*Il faut bivouaquer au sommet du Vignemale (3 298 m) pour pouvoir apprécier la superbe vision des cimes environnantes rougissant au soleil couchant.*

*Cauterets - La vallée de Cambalès étalent de nombreux petits lacs. Mais à l'écart de son axe et de son passage fréquenté, on "tombe" sur le lac d'Opale, une pure merveille de couleur changeante suivant la position du soleil.*

*Dans la région de Cauterets, la vallée de Lutour offre de magnifiques promenades à l'amateur de randonnée.*

*Cauterets - Le lac d'Estom, atteint par une marche facile. Alors, pourquoi ne pas continuer et atteindre les lacs supérieurs de Labas et d'Estom-Soubiran, situés à deux petites heures de grimpée ?*

*Vu du sommet du pic de Marboré (3 248 m) tout le cirque de Gavarnie auréolé de prestigieux "3 000", des pics de la Cascade (à gauche) jusqu'au Taillon (à droite).*

*Le cirque de Gavarnie ? Terrain d'action pour le montagnard, certes, mais aussi formidable décor pour les passionnés de parapente.*

*En pages suivantes :*
*Randonnée dans la région d'Escuaïn ; paysage silencieux incitant à l'insouciance et à la douceur de vivre. Tout au fond, enneigé, le pic de Cotiella (2 912 m).*

*En longeant les crêtes de Diazas, on domine sans cesse le canyon d'Arrazas. Là, en face de nous, comme un affluent, le cirque de Cotatuero, et, se découpant dans le ciel, les "3 000" de Gavarnie, avec, presque au centre, la Brèche de Roland.*

*Sierra de Guara : le canyon de Balcès - Le plus long canyon de Guara : 15 kms de parcours horizontal où jouent la lumière, les ombres et les couleurs.*

*Garganta d'Escuaïn - Sa remontée sur 2 à 3 kilomètres ne présente guère de difficultés, mais quel charme, quelle poésie et quels décors !*

60

*Le pic de Sestrales (2 106 m) offre une vue spectaculaire sur le canyon de Niscle et sur les lointains aragonais.*

*Depuis la Brèche de Tuquerouye (2 666 m), le regard se fixe longuement sur le Mont-Perdu (3 355 m), son glacier et sur le lac du Marboré.*

*En pages suivantes :*
*Le village de Vio, dans le Haut-Aragon, perdu, à moitié abandonné. Animé seulement par les bêlements des troupeaux, les aboiements des chiens et les cris des bergers.*

63

*Le lac Bleu de Bagnères-de-Bigorre, le bien-nommé ! Mais aussi diversité des teintes de ce site grandiose et désolé.*

*Comme beaucoup de sommets secondaires, le Cap des Hounts-Secs (2 698 m) n'attire par les foules. Et pourtant quel point de vue remarquable sur le lac d'Espingo et, en face, le val d'Arrouge dominé par le pic de Hourgade (2 964 m) !*

*Région lacustre de Grésiolles (au sud de la vallée de Gripp-Artigues) - Un joli cirque où l'on peut conjuguer de nombreux itinéraires avec visites de lacs et ascensions de sommets peu fréquentés.*

*En hiver, le pic de Céciré (2 403 m) doit se prendre à revers, par Castillon-de-Larboust, et un vallon très long où s'échelonnent les cabanes de Labach, de Salit et de Barguères.*

*Vu des crêtes de Diazas, l'amont du canyon d'Arrazas surveillé (de gauche à droite) par le Mont-Perdu, le Soum de Ramond et Las Olas, trois ''3 000''.*

*Le massif des Monts-Maudits (ou de la Maladeta, pour les Espagnols). C'est là que culmine le pic d'Aneto (3 404 m), toit des Pyrénées que couvrent 250 hectares de glaciers.*

*En pages suivantes :*
*Le cirque de Troumouse - La meilleure façon pour bien le connaître est de le parcourir par ses crêtes. On gravit ainsi, au passage, cinq de ses ''3 000''.*

*Le Cap des Hounts-Secs (2 698 m) est un des rares sommets d'où l'on aperçoit, dans sa totalité, le lac d'Oô.*

*Valcabrère - L'église Saint-Just et, au fond, l'ancienne cathédrale Sainte-Marie, de Saint-Bertrand-de-Comminges, dans un cadre champêtre et reposant... avant d'attaquer à nouveau les vallées et les sommets pyrénéens.*

*Certains considèrent le cirque de Cagateille, par son ampleur, comme le deuxième cirque des Pyrénées, après Gavarnie ? En tous cas, c'est un monde de verdure, de hêtres et de sapins au milieu desquels dégringolent mille cascades.*

*Depuis le Tossal del Mar (2 750 m), en Espagne : quelle vue ! Le chapelet de lacs de Rius, joyaux dans leurs écrins de granit. Au fond : les Monts-Maudits.*

*L'estan del Mar (Espagne) - Au lever du soleil, alors qu'aucune brise ne froisse encore sa surface, il reflète le pic de Bécibéri Nord (3 014 m).*

*En pages suivantes :*
*Le pic de la Coume d'Or (2 826 m), après un passage un peu aérien, est un observatoire de qualité sur le lac de Lanoux et sur les pics environnants.*

*Vers 2 500 mètres d'altitude : les mines abandonnées du pic de l'Homme (massif du Maubermé, versant espagnol).*

*Montgarri : un site bien pittoresque avec son église édifiée en 1117, entourée de quelques maisons, au bord du rio Noguera Pallaresa, à 1 650 mètres d'altitude, en pleine montagne.*

*Randonnée sur les crêtes est (faciles) du pic Fonta (1 934 m), par une journée de janvier merveilleusement ensoleillée.*

*L'étang Long et le Mont Valier (2 838 m). Il semble inattaquable par cette face. C'est pourtant la voie normale et facile : une sente en lacets mène au sommet.*

84

"La Frau" (1 925 m), un petit sommet anodin qu'il faut fouler à la fin de la saison, à l'époque où l'air pur permet une vue émouvante sur le château de Montségur perché à la pointe de son "pog".

Au-delà du grand étang de Soulcem, la vallée remonte jusqu'à un cirque de montagnes élevées, aux environs de 2 800 mètres. Derrière la crête, on a l'Andorre sous ses pieds.

En pages suivantes :
Ascension du Montcalm (3 077 m) - Après quatre heures de grimpette monotone, soutenue, on voit enfin le "bout du tunnel", c'est-à-dire le débouché de la Coume de Rioufred. Parvenu au petit col, tout là-haut, au-dessus du névé, le sommet du Montcalm n'est plus qu'à une demi-heure. Et là : quel spectacle !

# Luchon - Aure - Louron - Sud Comminges

On a l'impression que, lors de la formation et de la naissance des Pyrénées, les fées se sont penchées sur cette région. Il suffit d'en étudier son passé et son histoire, d'en surprendre ses sites et ses paysages, de porter le regard vers ses hauts sommets pointant sur la crête du monumental cirque du Lys, pour comprendre toute sa variété, sa diversité et sa richesse ; donc sa beauté.

Un peu de préhistoire... En 1860, un terrassier du village d'Aurignac démolissait un talus de terre meuble au pied d'une falaise lorsque sa pioche cogna sur une dalle posée verticalement sur le sol. Il la retira. Elle obstruait une cavité qui renfermait quantité de crânes et d'ossements humains ! Pieusement, ces restes furent transportés au cimetière de la paroisse. Cette curieuse et macabre trouvaille n'aurait pas eu de suite si le préhistorien Edouard Lartet n'en avait eu vent. Il flaira un événement de valeur et accourut sur les lieux. Il découvrit à son tour de nombreux outils et armes en silex, typiques d'une époque préhistorique bien précise. Il en déduisit que les squelettes trouvés précédemment étaient ceux d'hommes ayant vécu il y a 20 000 ans ! Cette grotte donna alors le nom à cette période de ce lointain passé : l'Aurignacien.

En bordure d'un petit ruisseau ombragé, la Save, les petites grottes de Lespugue livrèrent aux fouilleurs une foule d'objets de cette époque-là, également du Magdalénien et (encore plus ''récent'') de l'Azilien. Le comte de Saint-Périer y découvrit, en 1922, une statuette représentant une femme sculptée dans une

*La gigantesque cascade d'Arse bondissant d'une hauteur de 110 mètres en trois chutes dont on ne voit ici que les deux premières. La troisième gronde dans un ravin plus étroit, juste au-dessous.*

défense de mammouth, dite "Vénus de Lespugue". Une œuvre d'art vieille de 200 siècles ! Dans une autre cavité, toute proche, en 1945, ce fut la mise à jour d'une mandibule de prénéanderthalien, estimée à 400 000 ans environ, une des plus anciennes d'Europe.

Creusée dans une colline accolée à la chaîne elle-même, la grotte de Gargas fut aussi habitée par les chasseurs aurignaciens. La plus émouvante des traces est bien ces quelque deux cents empreintes de mains, aux phalanges souvent coupées, peintes sur les parois. Cette pratique de mutilation correspondrait à un rite de magie ou d'initiation. En tous cas, vestiges émouvants, sorte de "photographies d'identité" de nos très lointains ancêtres !

Deux cents siècles plus tard... Trois sites principaux et privilégiés conservent encore les marques de l'occupation romaine dès le 1er siècle de notre ère ; Saint-Bertrand-de-Comminges (Lugdunum Convenarum), Valentine (Arnesp) et Montmaurin. Ce dernier lieu s'illustre par la construction de la plus vaste villa gallo-romaine connue en France : une résidence comptant près de 200 salles, des communs pour loger 500 employés, au centre d'un domaine agricole de 1 500 hectares.

Et tout proche de nous ? Du Xe au XVe siècle, la construction de nombreux édifices religieux allant — par exemple — de la modeste chapelle de Saint-Plancard (avec des fresques touchantes du XIIe, telle le Christ en gloire) à l'imposante cathédrale de Saint-Bertrand-de-Comminges.

Quant à la montagne elle-même, les petites vallées de Nistos, de la Barousse, celles de Bourg-d'Oueil, de Louron ont su conserver leur intégrité, leur personnalité, leurs caractères. Les petits villages qui occupent le moindre replat de leurs versants abrupts sont toujours en parfaite harmonie avec la nature. La civilisation du béton et des hommes d'affaires, la mécanisation à outrance les oublient.

*Un des nombreux lacs du cirque de Gerber (Espagne), profond, superbe, se faufile entre des ressauts de granit.*

*En pages suivantes :*
*Le sommet du Montcalm (3 077 m) est l'observatoire naturel le plus commode pour dresser un bivouac. Là, dans le silence propre à cette altitude, on ne se lasse jamais du spectacle grandiose du coucher de soleil dans l'infini des pics et dans l'horizon tassé par les brumes.*

Les oublient ?... ou presque car la vallée de Louron "a eu chaud" avec un projet de ligne à très haute tension qui allait défigurer son visage serein et montagnard.

C'est sûrement grâce à la conservation de nos vallées et de nos sommets à l'état pur que les randonnées ou les circuits dans les régions lacustres ont tellement d'attrait et de poésie. Le lac de Caillauas (alt. : 2 165 m), gigantesque "fjord" où se mirent les falaises verticales du Hourgade (2 964 m) et la longue crête qui l'épaule. Le lac d'Oo (1 504 m), promenade familiale, puis celui d'Espingo (1 967 m), point de départ (après une nuit au refuge) pour attaquer les nombreux "3 000" disposés en hémicycle.

Que les Poitevins ne m'en veuillent pas si je les charrie en disant que, "chez nous", dans les Pyrénées, le "Futuroscope" existe depuis 50 millions d'années... époque où les mouvements tectoniques font surgir les montagnes du fond des mers. Etonnant, non ? A Poitiers, les concepteurs de cet espace audiovisuel ont reproduit artificiellement et avec une technologie d'avant-garde des scènes bouleversantes de réalité par des projections dans des salles aux écrans sphériques ou circulaires. Dans le Luchonnais, notre "Futuroscope" naturel se perche à 2 889 mètres d'altitude et s'appelle la Tusse de Montarqué ! Ce sommet, pratiquement situé au centre du cirque du Portillon, offre une vue panoramique de 360°.

"Quand on est là-haut — m'a dit un jour avec humour un ami montagnard — l'œil ne sait où donner de la tête !..." En effet, de cet emplacement exceptionnel, de quelque côté que l'on se tourne, on a constamment devant soi des cimes altières, des arêtes acérées, des glaciers (du Seuil de la Baquo, du Portillon, de Literole). Et juste à nos pieds, on domine le silencieux lac Glacé où même au cœur de juillet flottent des icebergs insoumis, et l'immense lac du Portillon cerné par une dizaine de "3 000"...

Pas très loin, mais de l'autre côté de ce cirque, à l'est, le montagnard peut admirer les lacs isolés du Lys : Lac Vert, lac Bleu, Lac Charles, lac Célinda, lac du Port-Vieil... Des noms qui chantent. Et tellement cachés qu'il faut les chercher dans cet univers tourmenté de granit.

C'est un peu plus à l'est, et carrément au sud de cette partie à peu près centrale de la chaîne des Pyrénées, que se situe le point culminant : le pic d'Aneto.

Avec ses 3 404 mètres, il trône en grand seigneur. Défendu par un glacier terrifiant craquelé par mille crevasses hideuses où maints montagnards et skieurs se sont engloutis, son sommet ne fut vaincu que 56 ans après la première ascension du Mont-Blanc. Qui osera encore comparer les Pyrénées aux Alpes dans le but inavoué de les minimiser ?

Un phénomène géologique ajoute encore à la grandeur du pic, puisque c'est à la base de son glacier que notre Garonne prend sa source. Une merveilleuse histoire ! Un effondrement impressionnant, en forme d'hémicycle de 60 à 80 mètres de diamètre pour une vingtaine de mètres de profondeur — désigné sous le nom de "Trou du Toro" — barre la haute vallée de l'Esera, à 2 000 mètres d'altitude. Là s'engouffrent les torrents issus de la fonte des immenses névés et surtout des glaciers qui couvrent 400 hectares de ce versant nord du massif. Où pouvaient bien ressortir ces eaux absorbées ? Beaucoup d'encre avait coulé à ce sujet et bien des controverses avaient opposé géologues et montagnards... Jusqu'au jour où Norbert Casteret, après quatre années d'étude sur le terrain, prouva formellement la relation de ce "Trou du Toro" avec le "Goueil de Jouéou" (résurgence dans le Val d'Aran) en jetant 60 kgs de fluorescéine dans la perte. C'était les 19 et 20 juillet 1931. Cet éminent spéléologue avait donné à notre Garonne ses lettres de noblesse en révélant que sa source principale se situe dans les glaciers des Monts-Maudits, à près de 3 000 mètres d'altitude.

Et si nous descendions du ciel et des nuages de ces pics géants pour nous promener à des altitudes plus accueillantes ? A l'est de la vallée de Luchon culminent de petits sommets dont l'ascension et le panorama qu'ils offrent en font des montagnes à ne pas manquer.

Par exemple : le Cagire, altitude 1 912 mètres. C'est la montagne de l a soif en été, car le randonneur ne rencontre aucune source pour le désaltérer. C'est la montagne dangereuse en hiver, car bien des skieurs ou des marcheurs ont glissé sur ses pentes glacées pour s'écraser des centaines de mètres plus bas sur des rochers.

*En pages suivantes :*
*Le cirque des Pessons déploie ses crêtes aigues dressées vers le ciel à plus de 2 800 mètres d'altitude. Les pentes d'éboulis ou les névés tardifs viennent mourir dans des lacs d'une grande pureté.*

Le passionné de parapente y monte dans le but de décoller de là-haut, face au vent, pour se poser dans les champs d'Izaut-de-l'Hôtel, au nord, et 1 500 mètres plus bas. Et l'habitué des cimes cherche à épingler un nom à tous les pics qui s'étirent d'est en ouest ; et ils sont des centaines. La vue sur la grande chaîne est immense, et celle qui s'étend sur la plaine va de Tarbes à Toulouse et aux confins de l'Aude. Le Cagire donne aussi une extraordinaire vision de la Garonne qu'il domine sur un parcours de plus de 100 kms.

Le petit massif d'Arbas disparaît, noyé au milieu d'autres collines, et son altitude dérisoire (1 608 mètres au pic de Paloumère) n'est pas faite pour le tirer de l'ombre ni de l'oubli. Et pourtant... Ne vous fiez pas aux apparences. Ce massif d'Arbas, le plus insignifiant des Pyrénées, recèle des centaines de gouffres parmi les plus prestigieux de notre pays. Celui de la Henne-Morte devint célèbre car son exploration qui dura sept ans (1940-1947) ne put être menée à terme qu'avec une puissante équipe et un matériel important. Côte atteinte : − 446 mètres ; arrêt sur siphon.

A partir de 1955, de nombreux groupes vont se succéder pour inventorier systématiquement toutes les cavités. Les découvertes pleuvent : le "Trou-du-Vent" (− 450 m), le "Pierre" (− 540 m), le "Raymonde" (− 492 m), le "Duplessis" (− 200 m), le "Pont-de-Gerbaut" (− 485 m), l'"Odon" (− 410 m), et tant d'autres...

Le Groupe Spéléologique des Pyrénées (Toulouse) coordonne les expéditions et rassemble les résultats. Au fil des années, et jusqu'à ce jour, 39 gouffres connus communiquent entre eux pour ne former qu'un seul et même abîme baptisé "Réseau Trombe" (en hommage à Félix Trombe, un des premiers grands explorateurs du massif et inventeur des fours solaires d'Odeillo, dans les Pyrénées-Orientales). Cet ensemble, maintenant, mesure 1 013 mètres de profondeur pour un développement total de 92 kilomètres... Et ce n'est pas fini !

Chaque été, des équipes réalisent une "traversée intégrale" (qui n'emprunte que 7 ou 8 kilomètres du réseau) en pénétrant par l'entrée la plus élevée pour ressortir tout au bas du système. C'est la quatrième traversée la plus importante du monde.

100

# Couserans - Cap d'Aran - Pallars

Dépliez la carte, entièrement : étalez-la devant vous et plongez-vous dans son examen. Vous allez rêver longuement. Votre esprit, s'échappant de votre appartement, ira vagabonder d'un sommet à l'ascension facile à une vallée verte et peu fréquentée, d'une crête d'où le regard découvre tout un massif dans son ensemble à un torrent tumultueux qui gronde sous vos pieds. Dans la partie inférieure de la carte, que de taches bleues ! Des lacs, beaucoup de lacs ; ils sont des dizaines et des dizaines, des centaines même.

Au sud d'une ligne Viella - Col de la Bonaïgue débouchent des vallées superbes, pratiquement parallèles, qui s'évasent, à leur origine altière, en cirques grandioses et sauvages. Ils ont pour nom : Gerber, Saboredo, Colomers, Travessani, Estan del Mar. Ils sont comme de gigantesques écrins de granit dont les joyaux ont la couleur de l'opale, du jade ou du saphir...

Plus de 170 lacs reposent ainsi dans ces seules régions, simples gourgs ou vastes "estanys". Au soleil levant, alors qu'aucune brise ne froisse encore leur surface, ils reflètent les pics environnants ; véritables "Miroirs des Cimes".

Le pic de Montarto (alt. : 2 826 m), lourde masse austère, règne sur toute cette cité lacustre comme un monarque sur son royaume. Une très bonne sente en lacets mène à la cime. Du sommet, plus proche du ciel que de la terre, on passerait des heures et des heures à dévisager la moindre pointe de ces arêtes aériennes, à surprendre l'onde pure d'un lac enserré dans son berceau de roche.

Plus au sud, une autre région constellée d'estanys — le Parc National d'Aigues Tortes de Sant Maurici — expose ces merveilles étagées en différents niveaux comme un diamantaire dispose dans ses vitrines rubis et diamants. Depuis le village d'Espot on inventera un circuit pour aller découvrir ces lacs, l'un après l'autre. L'itiné-

raire se dessinera en zig-zag, qu'importe ! En trois jours ou pourra en reconnaître une quarantaine.

On est fasciné, transporté par ces décors où le beau et les couleurs déclenchent l'extase. Trois nuits aussi "à la belle étoile", allongé dans l'herbe grasse et fraîche d'une rive, les yeux, au cours d'une insomnie, déchiffrant les constellations. C'est divin !

Remontons vers le nord pour retrouver la France et pour errer dans le massif du Crabère. La voie classique démarre des environs de Seintein pour remonter, par un bon chemin, un ruisseau au nom sympathique : l'Isard. Ne vous y aventurez surtout pas en hiver : à une demi-heure près j'ai failli être emporté et broyé par trois avalanches successives dévalant de 200 à 300 mètres d'un versant presque vertical, soulevant des nuages de neige dans un grondement à glacer le sang !

Par contre, en été, la promenade est idyllique. Vous sortez du bois, le sentier joue avec la pente en pelouse et vous émergez à l'Etang d'Araing (1 911 m). Lorsque ses eaux ne clapotent pas sur les berges, sa surface impassible double la silhouette du pic de Crabère (alt. : 2 629 m). Il mérite une ascension (facile en été, délicate en hiver), car, tout en s'élevant sur la pente redressée, on domine l'Etang de mieux en mieux.

De là-haut, c'est l'émerveillement. La chaîne se développe dans toute sa grandeur. Le massif de la Maladeta avec ses glaciers semble tout à côté. Vers l'est, le long de la crête frontière se succèdent de très belles montagnes : le Maubermé (2 880 m), le Mail de Bulard (2 750 m) — on pourrait presque délimiter au sommet un terrain de foot ! —, le pic de Barlonguère (2 802 m), peu gravi, ce qui lui donne encore plus de charme.

Lorsqu'on circule dans ces labyrinthes de vallées, de plateaux, de croupes gazonnées, on envie les bergers qui passent les trois ou quatre mois de la belle

*Pour bien apprécier la beauté de l'Etang d'Araing et le pic de Crabère (2 629 m) qui le domine, il est nécessaire de prendre du recul et de l'altitude. Montez donc, comme ici, au pic de l'Har (2 424 m).*

saison dans ces alpages hors du monde. Vie sévère, certes, à cause des pluies, du froid, de la neige parfois (même en plein mois d'août). Mais vie au sein de la nature, en parfaite communion avec elle. ''L'homme — écrivait Russell — est civilisé plus par habitude que par nature''. Les tours, les immeubles à étages, les H.L.M. valent-ils mieux que les pics ? Les pelouses des squares avec leurs bordures en ciment et leurs jets d'eau artificiels sont-elles plus agréables que les pâturages où les ruisselets sautillent au milieu des gentianes et des populages des marais ? Les rues goudronnées aux rigoles puantes sont-elles plus romantiques que les sentiers qui courent sur les pentes ? Et les ''feux rouges'' sont-ils plus attirants que les croisées des chemins ?

Ce séjour estival pourrait être comparé à une retraite spirituelle pour se retrouver avec soi-même. Après, bien sûr, il est bon de redescendre dans la plaine pour retrouver les siens, sa famille, ses amis. Un seul point noir à cette vie sauvage : l'habitat. Il faut avoir vu ces cabanes misérables et vétustes pour réaliser l'austérité de cette situation. Murs aux pierres disjointes que la bourrasque traverse en sifflant, toits aux ardoises fendues et déplacées où la pluie s'insinue. En Ariège, on ne parle pas de cabane mais d'orry. L'orry est une construction lugubre, froide, humide, édifiée en ''lauzes'' (plaques de schiste) avec une technique qui rappelle celle de l'igloo des esquimaux. Pas de fenêtre ! De la terre et une maigre végétation sur la toiture pour assurer une certain étanchéité ; c'est tout.

Et maintenant, partons pour le Mont Valier qui culmine à 2 838 mètres d'altitude. Dans l'Histoire du pyrénéisme, il fut la première grande montagne à avoir été vaincue... au Ve siècle par l'évêque Valier, d'où le nom de ce sommet. Il est haut, il est beau : c'est le Cervin de l'Ariège. Plusieurs voies accèdent à son faîte, depuis sa redoutable paroi d'escalade au ''Trou Noir'' (appellation peu engageante) — 800 mètres de muraille cotée de très difficile jusqu'à la course agréable et sans souci par la vallée du Ribérot. Tant pis si l'on prend le chemin des écoliers, tant pis si l'on allonge par un circuit illogique, mais on ne peut ignorer les deux lacs splendides : l'Etang Rond et l'Etang Long. Quelle grâce et quel silence hors des sentiers battus ! Je ne monterai jamais plus par le sentier balisé et qualifié de ''normal'', car je dus subir un jour un groupe parti avant moi, où l'un des membres avait cru bon d'accrocher à son sac à dos un transistor "poussé" à fond pour que toute l'équipe — et toute la montagne — en profitent. Derrière la caravane, puis devant après l'avoir doublée, je connus les qualités de blancheur de la lessive "X", le goût rafraîchissant du chewing-gum "Y" et la douceur du papier hygiénique "Z"... Il paraît que la montagne est à tout le monde. Alors je laisse les larges chemins normaux aux... anormaux, et je préfère prendre des combes secrètes et des reliefs inconnus de la foule.

Le pic de Fonta (alt. : 1 934 m) est au Couserans ce que le Cagire est au Comminges : un pic mythique et un pic symbole. Si vous partez du minuscule village de Faup, vous détaillerez, au fur et à mesure de la progression, le cirque de Salau. En chemin, des granges effondrées, envahies par les ronces, seront les témoins d'une vie montagnarde autrefois active et acharnée. Hélas, ces ruines donnent mal au cœur.

On peut atteindre le Fonta, aussi, par la Serre de Durban, depuis le col de Pause (1 527 m). On ne transpirera pas puisqu'une heure suffit, mais c'est sur le fil d'une arête aiguë, impraticable en hiver. Avec le Mont Valier, proche à le toucher, la situation de cette montagne nous place au centre d'une région délaissée, hors de l'invasion estivale des touristes. Et pourtant, des gouffres de verdure et de forêts sombres soulignant les vallées encaissées jusqu'aux ondulations élevées des versants, c'est le spectacle et la découverte d'une partie de l'Ariège où silence rime avec pittoresque, solitude avec douceur, liberté avec bonheur.

Un autre cadre révélateur : le cirque de Cagateille. Un nom rude, peu harmonieux. Et c'est dommage, car il pénalise un site superbe et pur auquel cette enceinte de falaises et de forêts sert de portail d'entrée. Une région perdue, au bout du monde, malgré des altitudes fort modestes. C'est le paradis pour le poète, pour l'amateur de la montagne inchangée depuis sa surrection, pour le photographe à la recherche de paysages intacts. On y pénètre par une longue vallée, à mi-chemin entre Aulus et Conflens ; une longue vallée dominée au loin, tout à sa naissance, par les pics de Marterat (alt. : 2 662 m) et de Certescan (alt. : 2 840 m).

Plusieurs torrents dégringolent les parois redressées où ils découpent, dans la forêt accrochée tant bien que mal, de verticales saignées qui sont autant de cas-

*Les étangs de la Gardelle s'éparpillent à différentes hauteurs. Les névés commencent à desserrer leurs étreintes de glace sur le plus grand et le plus élevé, à 2 420 mètres, dès le début de l'été.*

*L'ascension du pic Saint-Barthélémy (2 368 m), en hiver, fait découvrir la chaîne ariégeoise sous un aspect sévère et hautain, surtout lorsque l'étang d'Appy (au bas du vallon) est glacé, qu'une mer de brume occulte les plaines et que les crêtes gelées scintillent au soleil de midi.*

cades. Décor magnifique et mystérieux où, au plus profond de son intimité, un petit sentier indiscret se fraie un passage. Après une rude montée sous les feuillages épais des hêtres, on débouche sur des pelouses rases pour souffler un peu. Très loin, devant soi et au sud, la pente longue et presque régulière, que se disputent névés et blocs de granit, devient replat et col à 2 416 mètres. C'est le port de Couillac.

Et là, sur la frontière, c'est un chapelet de pics : Montabone (2 788 m), Certescan (2 840 m), Flavisella (2 893 m), fiers gardiens comme Cerbère aux portes de l'Enfer ! Et la Pointe de Rabassère (alt. : 2 568 m) ? Et le pic de Turguilla (alt. : 2 527 m), plus à l'est ? j'adore Turguilla. Si j'étais riche comme l'était Russell, j'aurais fait creuser des grottes au sommet, comme il le fit au Vignemale. Turguilla, montagne toute modeste, mais loin du monde, loin du bruit, loin de tout passage. Au milieu des lacs (le versant espagnol en est truffé), des crêtes de granit, des ruisseaux, des cascades. On peut circuler, rayonner sur les monts environnants pendant des journées entières sans rencontrer âme qui vive... Mon ami et collègue Michel Sébastien a écrit sur cette région : ''Je tiens à dire une fois de plus que cette région granitique du Couserans, criblée de lacs, parée de névés, dressant ses grands pics et ses parois, est une des plus belles de l'Ariège. Allez-y''.

Je serais tenté de dire, en égoïste : ''N'y allez pas ! Laissez-la moi, à moi tout seul !...''

# Haute-Ariège - Andorre

L'Ariège, nous l'avons vu, c'est mille sommets faits souvent d'amoncelle-ments de blocs de granit énormes, mille torrents nés des névés pentus, quantité de lacs somnolant ou s'agitant suivant la force du vent. L'Ariège, c'est aussi mille cascades qui se jettent des falaises, des cirques, en chutes puissantes, qui bondis-sent, éclatent dans des gorges resserrées. Grondantes, écumantes, l'aquilon emporte leurs embruns dans le ciel en volutes dissipées comme l'orage fait danser les nuages.

La cascade d'Ars est le but d'excursion des vacanciers stationnés à Aulus-les-Bains. Bondissant d'une hauteur de 110 mètres, elle se brise en trois chutes dont celle du milieu forme un panache de 50 à 60 mètres de largeur. Au prin-temps, à l'époque de la fonte rapide des neiges, elle mugit en un seul jet de toute sa hauteur. Un spectacle impressionnant !

L'Ariège est donc le pays des eaux folles qui s'assagissent cependant en de nombreux lacs, comme épuisées par leur course en altitude. Le barrage de Soul-cem (au sud d'Auzat) ferme la vallée (vers 1 600 mètres) par son importante rete-nue d'eau. En amont, de beaux pâturages expliquent la présence de nombreux orrys qui, malgré leur pauvreté, donne l'impression de "hameau". En plus de l'abri pour le berger, des constructions du même type sont réservées pour les cochons, d'autres pour la fabrication du fromage de brebis.

Au sud-ouest, en remontant par un bon sentier le ruisseau de la Gardelle, on arrive sur de larges plateaux qui retiennent plusieurs petits étangs. Il est préfé-rable de s'élever encore sur une croupe pour apprécier l'ensemble. C'est une pro-menade familiale qui ne manque pas d'intérêt.

Toujours au sud d'Auzat, on côtoie les étangs d'Izourt, puis du Fourcat si l'on veut aller sur les hauts sommets : pics de Tristagne (2 878 m), de l'Etang Four-cat (2 859 m), de Malcaras (2 865 m). De ces belvédères privilégiés, le panorama

*L'hiver, sans nul doute, est la saison idéale pour vagabonder sur les sommets secondaires de l'Ariège. Pic Bassibié (2 114 m), par exemple, qui offre une excellente vue sur l'étang d'Artats, juste en bas, et, au fond, au centre, sur le pic Saint-Barthélemy.*

*L'étang de Naguille, au sud-est d'Ax-les-Thermes. On émerge à son barrage après une marche de trois heures des plus agréables par un excellent sentier sous les frondaisons.*

se découvre dans toute sa beauté et dans toute son ampleur.

Des crêtes de la Pique d'Endron (2 472 m), la vue plonge sur l'étang de Gnoure, avec sa petite île, qui à lui seul mérite qu'on lui consacre une journée. Les pêcheurs de truites le connaissent bien.

Plus au nord, entre Auzat et Aulus, les étangs de Bassiès s'étendaient dans un cadre paisible dominé par des sommets faciles et déserts auquel vous pouviez accéder au gré de votre choix ou de votre fantaisie : pic Rouge de Bassiès (2 676 m), Cap de Fum (2 463 m) complètement délaissé, pic du Far (1 925 m), pic de Cabanatous (2 053 m) ; ces deux derniers pouvant être gravis par de simples promeneurs.

Depuis peu, un immense refuge, aussi vilain qu'inutile, semble avoir été construit là pour injurier la nature. Inutile, car tous les sommets s'escaladent dans la journée ; inutile, car ces étangs se gagnent en moins de deux heures et demi. Alors pourquoi cet "Hôtel-Restaurant" qui, de plus, a coûté quelques centaines de millions d'anciens francs. Comme pour se moquer des montagnards, c'est-à-dire tous ceux qui aiment la nature et la respectent, des panneaux plantés au bord de la route indiquent : "Camping interdit". Pensez : une tente, ça aplatit l'herbe et ça dégrade le paysage ! Cet établissement commercial aurait mieux sa place à Disneyland qu'ici, au milieu de ces torrents et de ces montagnes.

A l'est de Tarascon-sur-Ariège, un arc de cercle, dont le Coulobre (1 560 m) et la montagne de la Frau (1 925 m) marquent les extrémités, délimite le massif de Tabe. Le point culminant en est le pic de Soularac (2 368 m), sommet un peu oublié au profit de celui de Saint-Barthélémy (2 348 m).

Ce dernier est accessible par toutes ses faces, et quel que soit l'itinéraire choisi un petit étang est toujours là pour agrémenter la marche : étang d'Appy, de Tort, du Diable, des Truites... Si on choisit la facilité et la rapidité (qui ne riment pas toujours avec beauté), on rencontrera la carrière de talc de Trimouns. Située en

*Château de Puylaurens. Voyez ses murailles dressées sur les versants très raides de la montagne. Imaginez, à leur pied, les armées des Croisés : que pouvaient-ils faire face à cette forteresse vertigineuse ?*

terrasses. Ainsi mise à nue, elle apparaît dans une blancheur presque immaculée ; décor lunaire ou paysage de banquise ? Exploitée de mai à octobre (la mauvaise saison interdit tout chantier puisque cette exploitation est à ciel ouvert), elle produit 300 000 tonnes de talc durant ces six mois. De sa naissance (1905) jusqu'à aujourd'hui, 7 millions de tonnes ont été enlevées à la montagne. On estime la réserve à 17 millions de tonnes.

Mais atteignons le sommet du Saint-Barthélémy. On est surpris, vu sa modeste altitude, de jouir d'un panorama aussi étendu et aussi superbe. Vers le nord-est, à 8 kms seulement à vol d'oiseau, sur son "pog" calcaire et broussailleux, s'élèvent les murailles du château de Montségur. Le vent du nord soufflant sur ces vieilles pierres semble nous apporter les cris de douleur des 215 cathares précipités dans l'horrible bûcher dressé au bas de la montagne, il y a 7 siècles.

Vers le sud, si la pureté de l'air le permet, on distingue, d'ouest en est, le pic du Midi de Bigorre, le Vignemale, les Monts-Maudits, et "à côté", le Valier, le Montcalm, le Carlit, la Dent d'Orlu, le Madrès.

Avant d'aller plus en avant vers les sommets ou d'autres sites pyrénéens, descendons à quelques kilomètres au sud de Tarascon, dans la vallée de Vicdessos. Là, s'ouvre, théâtrale, la grotte de Niaux, vaste caverne qui développe galeries et salles au sein même de la montagne. Pour quelles raisons l'homme préhistorique choisit-il ce lieu plus qu'un autre ? Peut-être pour sa situation privilégiée : proximité des ruisseaux, terrains de chasse ? Et, pourquoi pas, si c'était pour la beauté du paysage ? Car l'homme de Cro-Magnon n'était pas un sauvage. Il suffit de se pencher sur ces fresques admirables peintes sur les murailles de la grotte, à 800 mètres de l'entrée. Sur les parois lisses, les artistes magdaléniens ont dessiné, au charbon de bois mélangé à de la graisse, des animaux qu'ils avaient l'habitude de rencontrer et de chasser dans la montagne. On a dénombré là : 25 bisons, 16 chevaux, 6 bouquetins et un cerf. Tous, ou presque, portent des traces de "mise à mort", sagaies, flèches peintes également, fichées dans le flanc des bêtes. Un bouquetin est littéralement empalé. Rites magiques ?...

Et les "3 000" des Pyrénées ? En comptant les pics principaux, les pics secondaires et les "points cotés" (émergences portant une altitude mais sans nom), notre

114

chaîne comprend 278 sommets et pointes de cet ordre-là. La série de ces "3 000" prend fin, et magistralement, par trois pics en Ariège, sur la crête frontière : le Montcalm (3 077 m), la Pique d'Estats (3 143 m) et le Sullo (3 072 m).

La particularité du Montcalm est sa grande étendue. Il est en effet le plus vaste des Pyrénées. "On pourrait y faire manœuvrer une compagnie d'infanterie", écrivait Pierre Soubiron dans son guide sur les "Pyrénées-Est" (édition 1930). Le problème ne serait pas d'y faire évoluer ce corps d'armée, mais de le faire parvenir tout là-haut ! Car si deux itinéraires offrent une certaine facilité (par le "Pla de Subra" et par l'étang du Montcalm) jusqu'à 2 400 mètres d'altitude environ, il faut avoir le pied sûr et l'œil exercé pour trouver les cairns qui de thalweg en crête, de replat en croupe, de falaise en col guideront cette compagnie d'infanterie vers le lieu de rassemblement !

Et si le régiment emprunte la troisième voie d'accès — la coume de Rioufred — il faudrait installer des cordes du sommet jusqu'à l'étang de Soulcem pour que les fantassins puissent s'y agripper, car le néophyte en matière de montagne trouverait la pente trop relevée et le ravin bien profond... Par contre, du Montcalm à la Pique d'Estats, un escadron de cavalerie pourrait presque y monter tant le versant est débonnaire. Quant à y manœuvrer sur la pointe... ce serait une autre histoire !

Infiltrons-nous plus au sud, dans une région qui administrativement revêt un statut tout particulier : l'Andorre. Cette Principauté ? Ce sont les stations de ski du Pas de la Casa, le Port d'Envalira tourmenté par la neige lors des violentes rafales hivernales, les matériels et les alcools dont on dévalise les commerçants qui arborent un large sourire de contentement.

Mais l'Andorre, c'est aussi et surtout, pour le randonneur et pour le montagnard, un coin des Pyrénées où une course vers un cirque, un lac ou un pic apporte un certain dépaysement.

La Coma Pedrosa, avec ses 2 942 mètres, culmine sur toute la Principauté. Il suffit d'en gagner le faîte pour constater, effectivement, qu'on a sous les yeux et sous les pieds toute l'Andorre ; on en domine tous les massifs. Le panorama est immense, depuis les "3 000" luchonnais — et donc les Monts-Maudits, visi-

*Le lac de Lanoux - Avec sa retenue de 58 millions de mètres cubes d'eau, il est le plus grand lac des Pyrénées. Il faut en faire le tour pour en mesurer l'importance. Deux à trois heures suffisent à peine !*

*De cette région des Bouillouses, le touriste ne retient que le lac de ce nom. Et pourtant, que d'étangs disposés tout autour, comme des satellites. L'étang du Vive, bordé de pinèdes, d'ajoncs et de genêts, inviterait à un long farniente si le Carlit n'était pas encore loin !*

117

bles de partout ! — jusqu'aux cimes des Pyrénées-Orientales. Si par le village d'Arinsal on y parvient sans problème (en hiver, on s'en approche skis aux pieds), je préfère y monter par la France, la vallée de Soulcem et franchir la crête frontière au Port des Bayrètes (2 761 m). Il faudra bien perdre un peu d'altitude, mais le pic n'est plus très loin. Quel paysage ! Quel isolement !

Pour le retour, on peut concocter un circuit avec ascension du pic de Médécourbe (2 914 m), du pic de Lavans (2 897 m) et descente en France par le col de Médécourbe qui fait piquer sur le lac du même nom (2 199 m). On ferme la boucle, fatigué, mais avec des souvenirs d'une course superbe dans un site complètement désert et ''perdu''.

Autre but de balade : le pic des Pessons (2 818 m) qui se dresse au-dessus d'un cirque où miroitent plus de dix étangs. Le départ se fait du Port d'Envalira et de Grau Roig. Rien qu'une promenade autour de ces lacs, que l'on découvre l'un après l'autre au fur et à mesure qu'on s'élève, est déjà un enchantement.

Quant au panorama qui vous attend au sommet, quel régal ! On distingue parfaitement, parmi mille montagnes, les Monts-Maudits avec leur Aneto, et encore plus loin le Néouvielle.

# Cerdagne - Capcir

Voilà encore une région où l'on se prend à rêver en ayant devant soi la carte dépliée. Que de lacs ! Beaucoup de lacs, et non des moindres ! Que de sommets, sévères, hautains, mais tous accessibles par des voies bien cairnées ou même par des itinéraires qu'on invente sur place. Que de possibilités de circuits, également, qui sont une découverte complète et détaillée d'un massif !

Par exemple, au sud-est d'Ax-les-Thermes, depuis les Forges d'Orlu, si on part à la fraîche, la montée au lac de Naguille, sous bois, par un sentier délicieux, est vraiment une volupté. Si le barrage gâche un peu le charme de ce coin, à l'arrivée, il faut se rendre à l'autre extrémité du lac. Là, à 1 855 mètres d'altitude, et si l'heure est encore matinale, montez jusqu'aux étangs des Peyrisses. Ce sont des lacs parmi les plus sauvages des Pyrénées, ceinturés par les crêtes autoritaires du pic d'Etang Faury (2 702 m).

Ce pic vous nargue ? Relevez le défi. Cherchez la partie faible de sa cuirasse, sur la droite, et vous le placerez sous vos pieds. De ce perchoir, quelle vue ! Des vallées se creusent dans toutes les directions, séparées par des arêtes sinueuses aboutissant à un grand nombre de sommets des plus intéressants. Partout, des petits lacs s'éparpillent dans les moindres creux.

L'étang d'En Beys, berceau de la vallée de l'Oriège, à l'est, se devine à peine. Mesurant 28 hectares, ses eaux sont déversées, par un tunnel, dans l'étang de Naguille. Si vous vous sentez en jambe, redescendez et rejoignez le point de départ en effectuant une boucle par En Beys.

*En pages suivantes :*
*Depuis le Céciré (2 403 m), les ''3 000'' du cirque du Lys semblent tout proches.*

La Dent d'Orlu (2 222 m) surplombant la vallée de l'Oriège s'aperçoit de très loin. Sa silhouette aigüe a de quoi faire fuir le simple promeneur qui, sans l'avoir vue, en aurait fait le but de sa balade. C'est une "dent", une aiguille de granit qui s'élève vers le ciel de 1 000 mètres au-dessus de la vallée. Terrifiant ! Sauf pour les passionnés du vide. Huit voies ont été ouvertes, et il ne faut pas moins de dix heures pour toucher le sommet par ces précipices. Mais comme toutes les montagnes, si on la prend en revers, on monte par des pelouses, puis par une pente un peu rude mais des plus faciles et sans danger (sentier en lacets). Une fois arrivé, on domine le grand vide sur trois faces. Ce promontoire est de toute beauté et son panorama très étendu, dont le lac de Naguille ainsi que le massif évoqué plus haut.

Quand on s'intéresse, en historien amateur, à l'époque cathare, cette tragédie du XIe au XIIIe siècle qui toucha notre région méridionale, on s'étonne qu'un château n'ait pas été construit sur cette pointe. En effet, ces châteaux cathares, dispersés dans tout le Languedoc, sont perchés sur des pitons rocheux entourés d'à-pics ou étalés en ramparts le long des falaises. Leurs tours, leurs donjons, leurs murailles qui ont subi des siècles "l'irréparable outrage" se dressent encore, squelettes de martyrs, vers le ciel impassible.

Au retour d'une ascension, pour vous remettre d'une certaine fatigue bien naturelle, la visite de ces "citadelles du vertige" vous ramène 600 à 800 ans en arrière. Le château de Puylaurens n'est pas si éloigné que cela de nos montagnes, aux confins de l'Aude et des Pyrénées-Orientales. Si à la vue de ces vieux murs chargés d'histoire et de douleur, l'émotion vous étreint, si l'architecture hardie de ces forteresses force votre admiration, faites une courte infidélité aux Pyrénées, encore une fois. A 20 km à vol d'oiseau, au nord-est, allez méditer dans le plus beau château de cette période sanglante : celui de Peyrepertuse. Juchée tout le long d'une crête élancée dans les nues, sur près de 300 mètres, cette puissante construction surplombe 100 mètres de vide absolu !

Et maintenant, abordons une région, lumineuse entre toutes, qu'il est possible de sillonner en tous sens par des randonnées et par des ascensions. Elle peut se diviser en trois sites : le Lanoux, le Carlit et les Bouillouses.

L'étang de Lanoux (2 200 mètres) est le plus grand lac artificiel des Pyrénées, avec une longueur de 3 km, une largeur moyenne de 0,5 km. Sa profondeur serait de 75 mètres. Ce "château d'eau" retient 58 millions de mètres cubes. Par des galeries souterraines, l'eau est conduite aux usines électriques de l'Hospitalet-en-Ariège... une sacrée percée !

Pour bien apprécier ce cadre, il est préférable de grimper sur un des sommets environnants, ce qui, en plus est l'occasion d'une belle balade. Du pic de la Coume d'Or (2 826 m), du pic Pédros (2 842 m) et en suivant la longue croupe (3 kms) jusqu'au pic des Bésineilles, la vue plongeante sur l'étang change à chaque pas et on en comprend mieux son immensité.

Le pic de Carlit (2 921 m) : s'il ne lui manque que quelques mètres pour en faire un "3 000", il en a l'élégance et la grandeur. On peut l'attaquer soit par le côté du Lanoux, soit par les Bouillouses. Ce dernier itinéraire présente l'avantage de rencontrer quantité de lacs dans un magnifique décor de genêts, de mille fleurs, de pins, de mousses et de ruisselets. Depuis le pic, le panorama s'étend jusqu'aux Monts-Maudits, par temps très clair. En parcourant sa longue ligne sommitale, on aperçoit une bonne trentaine d'étangs qui font cercle autour de la montagne.

Si vous marchez solitaire et sans bruit sur ces versants voisins, vous aurez la chance de surprendre des isards, des mouflons, des marmottes et des lagopèdes.

La région des Bouillouses (2 020 m). Un barrage de 350 mètres de longueur fut bâti en 1902. Ici, s'accumulent les eaux des rivières — dont la Têt — qui dévalent de tous côtés pour constituer une réserve de 13 millions de mètres cubes.

Malgré la présence de très hauts sommets, le paysage n'a rien d'agressif. L'érosion glaciaire s'est chargé d'adoucir les montagnes et d'arrondir les arêtes. Par la splendeur de ses paysages, par le charme de ses nombreux étangs, par l'agréable approche de toutes ses cimes, ce coin attire beaucoup de monde. En été, le parking à proximité du barrage regorge de voitures. Jusqu'à 1 500 par jour. Cette surfréquentation, les bruits des moteurs, les gaz d'échappement, les poussières soulevées sans cesse, les cris, les transistors dévalorisent le site et inquiètent vivement les responsables du département des Pyrénées-Orientales.

*Un des étangs de Camporells, avec en toile de fond le "Petit Péric" (au centre) et le "Grand Péric" — 2 850 m — (à droite).*

124

*Le pic de Cambra d'Aze (2 711 m) est une montagne "bon enfant" qu'on place sous ses pieds après une petite marche de moins de trois heures. C'est un grand classique de la région de Font-Romeu.*

En juillet 91, une station de radio émettait de cette place, à grands renforts de haut-parleurs, amplis poussés à fond, tandis qu'un hélicoptère tournicotait toute la journée du Carlit au Péric ! C'était une véritable fête foraine ! Et là encore, si vous vous risquiez à dresser votre tente sous un arbre, dans le calme d'une partie reculée, vous seriez chassé par un garde ! Affolant paradoxe...

En poursuivant notre progression vers le nord, et carte en main parce que la forêt complique le relief, on peut aller d'un étang à un autre, puis à un troisième. Silencieux, cachés, ils ne se décèlent que lorsqu'on y tombe dessus. Sortant du sous-bois, et levant la tête, la douce pente du pic Péric paraît bien tentante. Deux heures suffisent. Le parcours varié, longeant encore et encore des étangs, mérite bien ce petit effort. Par le vallon de la Llose, on aborde tout de suite un petit laquet qui n'est autre que la source de la Têt. Plus haut, vers 2 500 mètres, j'ai trouvé, en plein mois de juillet, l'étang Bleu entièrement glacé. Il est vrai que des parois raides et hautes le protègent du soleil.

A 2 810 mètres d'altitude, on émerge enfin sur le pic Péric. Un tour d'horizon dévoile une splendide région faite toute de contrastes. Au sud, d'où nous venons, le regard plane sur l'étang des Bouillouses et le ''Désert du Carlit'', lui aussi parsemé de lacs. Au nord-est et juste au-dessous de nous, s'étagent sur des plateaux boisés les étangs de Camporells. Partout ce ne sont que nappes vertes ou bleues, les unes au milieu de pelouses fleuries, les autres entourées de pins.

Ce cirque glaciaire du Camporells, à 2 240 mètres d'altitude, vaut, à lui seul, une randonnée sur ses flancs. En partant de Formiguères, une large piste zigzague d'abord dans la forêt pour atteindre ensuite la Serre de Maury, à 2 412 mètres. Heureusement, une barrière interdit l'accès aux véhicules au-delà de la cote 2 174. Et c'est fort bien ; laissons les autoroutes aux voitures et la montagne... aux montagnards.

En moins d'une heure, au débouché d'un col, le cirque lacustre apparaît soudain dans toute sa magnificence. Louvoyer entre les blocs de granit, les mamelons pour surprendre, là, l'étang de la Bassette, ici, l'étang Gros et plus loin une succession de laquets anonymes, constitue une balade débordant de poésie et d'imprévu. C'est un délice de casser la croûte à l'ombre d'un pin, hors des rayons brûlant d'un soleil d'été, tandis que les branches balancent sous la brise, avec, encore, un gourg devant soi...

A l'est de Mont-Louis, à la hauteur de Thuès-entre-Valls, une étroite et haute entaille coupe la montagne. C'est l'entrée des gorges de la Carença parcourues en leurs profondeurs par un torrent tapageur. Un cheminement taillé en corniche dans le roc surplombe le canyon d'une centaine de mètres. Parcours impressionnant pour ceux qui craignent le vide ; mais un câble tendu en main courante rassure le promeneur inquiet.

Puis, on rejoint peu à peu le fond de la gorge, et plusieurs passerelles suspendues permettent d'aller d'une rive à l'autre. Ce trajet, pourtant facile et surtout agréable, plus que sportif, fait flirter avec une flore et une faune seulement perceptibles pour celui qui sait observer. Il n'est pas rare de voir évoluer l'étonnant cincle plongeur, cet oiseau amphibie, le seul passereau capable de se déplacer au fond de l'eau, à la recherche d'insectes aquatiques.

La remontée de ces gorges, à caractère familial, dans cette nature généreuse, ne demande pas plus de 3 heures. Il serait très regrettable de s'en tenir là, parce que bien en amont de ce ravin de la Carença plusieurs circuits — mais ceux-là plus sérieux — se faufilent dans des vallons déserts, suivent des lacs où la truite abonde, pour se diriger vers des sommets lointains : pic de l'Enfer (2 869 m), pic du Géant (2 881 m)... des noms à donner le frisson. Mais ces périples ne peuvent s'envisager qu'en prenant le refuge du Ras pour camp de base, ou certaines cabanes de bergers.

# Canigou - Roussillon

Les crevasses du Pays Basque (Olhadibie, Holçarté, Kakouetta), les canyons de la Sierra de Guara, les gorges de la Carença prouvent la force colossale d'usure des torrents. Sous terre, l'eau, également, perce, taraude son passage, profitant d'une faille, d'un joint de stratification du calcaire. Ainsi naissent et se forment les grottes et les gouffres que les spéléologues se donnent pour mission de découvrir et d'explorer.

A quelques kilomètres de Prades se développe ainsi sous la montagne un réseau de 27 kilomètres ; labyrinthe compliqué de galeries et d'étages, baptisé du nom de son découvreur : André Lachambre. Plus que dans toute autre cavité, l'eau, après avoir creusé, perforé, évidé, crée, goutte à goutte, des cristallisations d'une pureté inouïe qui composent, millénaire après millénaire, des décors hallucinants. Ce "Réseau Lachambre" se classe parmi les plus grandes merveilles des Pyrénées souterraines. Pratiquement, toutes les formes de concrétions ornent ces interminables avenues hypogées : cristaux de calcite et surtout d'aragonite qui engendrent des buissons, des houpettes, des tapis d'une blancheur de neige. Des gours retenant une eau limpide, des stalactites d'une finesse arachnéenne "poussant" en tous sens, de volumineux bouquets d'aiguilles brillantes jalonnent toutes les sinuosités de la caverne. Dans certaines salles, c'est par milliers que pendent des stalactites en forme de tube de 2 à 3 mètres de longueur pour 5 à 10 millimètres de diamètre d'une extrême fragilité. Ce genre de concrétion porte le nom de "fistuleuse". Les spéléologues, au vocabulaire imagé, parlent de "macaroni".

*Point n'est besoin d'être un grimpeur ou un pyrénéiste expérimenté pour "attaquer" les gorges de la Carença. Cette vire, très aérienne, s'emprunte sans aucun danger. Et de plus, quel spectacle grandiose !*

*Le petit village de Castelnou est l'un des plus harmonieux et des plus typiques du Roussillon, dominé par son château du Xᵉ siècle. Nombre d'habitants ? 183 ! A l'écart de l'agitation des hommes, ignorant aussi leurs folies, comme il est reposant, pour l'esprit et le cœur, de suivre, au hasard, les sentiers qui s'insinuent dans les collines voisines silencieuses...*

*Le massif du Canigou (2 784 m) - Vu de loin, une montagne très homogène, massive. Dès qu'on l'aborde, on se heurte à des canyons, des ravins, des arêtes acérées. C'est la montagne sauvage. Ici, nous quittons le col de Marialles pour remonter le torrent de Cady qui chute, juste en face, en la ''cascade des Pinsons''.*

Remontons en surface et allons constater une autre forme initiale d'érosion en nous rendant à Ille-sur-Têt. Au nord de la rivière et sur une terrasse naturelle se dressent les "Orgues", étonnante formation géologique unique dans les Pyrénées. Des cheminées de fées de 20 à 50 mètres de hauteur, minces ou trapues, exposent leurs parois verticales de roches tendres aux couleurs pastels, couronnées de conglomérat dur.

Leur création est le résultat de deux causes. D'abord, au départ, parce que la pente du terrain atteignait 25 à 30° d'inclinaison, les eaux de pluies ruisselèrent avec force et creusèrent leurs lits en nombreuses ramifications dans un sol relativement meuble. Ensuite, parce que les débris (sables, galets, argiles) furent évacués, entraînés par les torrents issus des orages et averses torrentielles. En quelques siècles ou en quelques millénaires, par ce processus, ce paysage raviné de tours, de colonnes, s'est édifié. Par deux fois, en 1940 et en 1986, des pluies diluviennes, en moins de deux heures, déversèrent 80 mm d'eau ; cela représente 80 000 tonnes d'eau par kilomètre carré. Quant on connaît la puissance d'érosion de ces torrents qui charrient galets et sables, on conçoit assez aisément la formation de ces cheminées naturelles.

En toile de fond et au-dessus de ces "Orgues" trône le pic de Canigou (2 784 m) dont nous ferons l'ascension très bientôt. Pour l'instant nous allons simplement nous en approcher, comme avec respect. Cet immense massif en impose ; on le voit de partout, même depuis Notre-Dame de la Garde, à Marseille... 253 km à vol d'oiseau ! Sommet jouxtant le ciel et auréolé de nuages, falaises, ravins, forêts profondes et sombres, cette montagne se prête à l'isolement, à la réflexion, à la méditation.

Il y a neuf siècles déjà — en 1007 — fut construite une abbaye sur un rocher à pic, à 1 094 mètres d'altitude, entre deux précipices. Son fondateur, Guifred comte de Cerdagne, s'y retira en 1035. Il mourut quatorze ans plus tard et fut enterré dans le tombeau qu'il avait lui-même creusé dans le roc.

Evidemment, une restauration a été entreprise au début de notre siècle. Des religieux y demeurent et accueillent les visiteurs en célébrant la messe tous les dimanches. Depuis un rocher élevé en guise de promontoire dans une trouée d'arbres, on reste admiratif devant l'harmonie de cette architecture et de son environnement.

Et puisque nous en sommes à une pause spirituelle, avant d'entreprendre l'escalade du Canigou, allons nous retremper encore dans le silence et la sérénité du prieuré de Serrabone, sur un contrefort nord-est du pic. Serrabone, d'après l'étymologie, serait ''la bonne montagne''. C'est pourtant un coin désert, surchauffé par le soleil où le roc et les épineux se disputent les pentes. Soixante-treize ans après que fut édifié Saint-Martin-du-Canigou — donc en 1080 — des paysans des environs construisent à leur tour une modeste église. Bâtie au bord d'un ravin, une visite dans son promenoir, à sa nef, à sa tribune — chef d'œuvre de l'art roman en Roussillon — dans la fraîcheur de ses chapiteaux et de ses colonnes ravira l'amateur d'archéologie et l'homme à la recherche du recueillement.

Il ne sera point blasphème ni sacrilège de profiter de la journée pour monter au col des Arques, puis par un sentier horizontal d'atteindre à 1 044 mètres d'altitude le ''site mégalithique'' noté sur la carte. Et descendant vers le nord, vers la ''Serre'', un œil attentif décèlera les restes de tombes ou de dolmens très rudimentaires, par dizaines. Tas de pierres, de ''lauzes'' recouvrant la dépouille d'un berger qui vécut et mourut sur cette montagne à l'époque néolithique, il y a 3 000 ou 4 000 ans. Mais c'est à peu de distance d'une bosse cotée 1 044 que se dresse une pierre plate de deux mètres de hauteur qui porte, gravés, de curieux dessins : oiseau au centre entouré de rosaces, de croix, de spirales, de feuilles ; et même une figuration humaine. Quel âge attribuer à de tels graffiti ? Néolithique ? C'est bien vague, faute d'indices facilitant une datation.

Le Canigou... Curieuse montagne jouissant d'une non moins curieuse renommée ! Elle est loin d'être la plus haute des Pyrénées-Orientales, et pourtant elle attire les foules.

En 1276, le roi Pierre III d'Aragon en gravit les pentes, encadré par une forte escorte. Soudain, d'un lac où flotte une odeur de soufre sort un dragon terrifiant. Toute la troupe prend ses jambes à son cou. Seul, le roi poursuit l'ascension et foule le sommet qu'il croyait être le plus élevé des Pyrénées. Quelle ''glorieuse'' conquête ! Cette erreur d'estimation dans l'altitude persistera jusqu'à la fin du siècle dernier. Il lui manque, cependant, 621 mètres pour revendiquer la première

*Le prieuré de Serrabonne - Une île dans l'océan, une oasis dans un désert de verdure. Comme à Saint-Martin du Canigou dont il est l'âme sœur, ce lieu fut, durant des siècles, propice à la prière, au recueillement et à la méditation.*

*L'abbaye de Saint-Martin du Canigou - Comme en équilibre sur un col rocheux, accrochée sur les pentes verticales et vertigineuses du Canigou, cette abbaye fut — dès 1007 — le refuge d'hommes à la recherche du silence, de la paix intérieure, à la recherche d'eux-mêmes et de Dieu. Dix siècles plus tard, ce hâvre de l'âme et de l'esprit perpétue la tradition.*

place...

Mais le Canigou impose par son immense stature aux croupes s'étendant dans tous les azimuts comme les tentacules d'un poulpe démesuré. Malgré un climat méditerranéen, les neiges couvrent ses hauteurs jusqu'au début de l'été, lui donnant un air de Fuji Yama. On le voit de partout, du Mont Lozère, de l'Aigoual dans les Cévennes, aux plaines des Corbières. C'est l'Olympe des Catalans ; un massif d'une grande richesse et d'une grande variété de paysages. Au bas, dans les douceurs des Aspres mûrissent le figuier, l'abricotier et le cactus. Les oliviers, les forêts de chênes-lièges et de chênes verts recouvrent en un épais manteau les premiers contreforts. Le prieuré de Serrabone est une île émergeant de cet océan de verdure.

Plus haut, le sapin, le hêtre et le bouleau grimpent entre 1 500 et 2 000 mètres. A cette limite, les neiges, les bourrasques de vent ont tordu les derniers arbres qui cèdent ensuite la place à l'extrême solitude des alpages.

Le Canigou fascine, le Canigou attire. En 1901, un premier cycliste pédale ferme jusqu'au refuge des Cortalets bâti trois ans plus tôt à 2 150 mètres d'altitude. En 1903, c'est la première voiture qui, poussive, inaugure la piste jusque-là. En 1907, un lieutenant de gendarmerie parvient à cheval aux 2 784 mètres du sommet.

La folie des hommes d'affaires, toujours guidés par l'argent, faillit un temps violer, bafouer, défigurer le superbe massif. En 1901, déjà, on projette de construire jusqu'au dôme sommital un chemin de fer à crémaillère. Vers 1950, on étudie l'installation d'un périphérique, puis l'implantation d'une station de ski. Ces projets avortent, Dieu merci. Alors, on trace des pistes sur des dizaines de kilomètres qui sont comme autant de coups de fouet sur le dos du Canigou : d'horribles plaies qui ne cicatriseront jamais. Les "4 × 4" arrivent, les tous-terrains soulèvent des nuages de poussière dans les vrombissements des moteurs et dans l'odeur d'huile brûlée.

Et soudain, tout se calme grâce à l'administration et aux collectivités locales. Il était temps d'arrêter cette destruction et le carnage de cette nature en faisant du massif une zone protégée pour la beauté de son site et pour la sauvegarde de

136

sa flore et de sa faune. Bien sûr, une route à la pente sévère conduit au refuge des Cortalets ; mais là où elle cesse commence le sentier pour faire l'ascension. Facile de cette base, elle ne dure que 1 heure 30 à 2 heures. Une foule de chemins bien marqués s'insinuent sur tous les versants, si bien qu'on peut composer, personnaliser ses randonnées.

Un circuit intéressant dans un décor toujours changeant consiste à partir du col de Marialles (1 549 m), à l'ouest, à remonter l'étroit vallon au fond duquel gronde le Cady, pour atteindre la Porteille de Valmanya. Puis, la sente pique en direction du Canigou. Par une cheminée redressée mais sans danger, grâce à l'aménagement apporté par le C.A.F. en 1885 (un siècle déjà !), on débouche sur la pointe finale après 3 à 4 heures de marche. Avant la nuit on s'affaire à aménager le sol en vue de dormir là, sur la dure. On doit bivouaquer sur le Canigou pour profiter du spectacle fabuleux du coucher de soleil embrasant l'infini en dents de scie. Et, au petit matin, dans le vent glacial propre à cette altitude, le regard tourné vers l'est, l'astre rougeoyant émerge de la Méditerranée soulignant l'horizon.

Puis, refaisant le sac à dos, on descendra vers le refuge des Cortalets, au nord. Un petit lac plein de fraîcheur sert de premier plan au vallon du Barbet dont les hauteurs retiennent un important névé que les montagnards locaux appellent pompeusement ''glacier''. Le Canigou, par sa face orientale, presque verticale, donne à ce cadre une atmosphère de haute montagne. Le retour s'effectue par un sentier bien visible montant jusqu'aux crêtes du Barbet, et à leur extrémité on retrouve la Porteille de Valmanya. Il ne reste plus qu'à reprendre le chemin emprunté la veille pour retrouver le col de Marialles.

Du sommet du Canigou, on observe des centaines de pics pointant dans toutes les directions, un peu comme des taupinières dans un champ. Heureusement,

*En pages suivantes :*
*Les ''Orgues'' d'Ille-sur-Têt, que l'érosion, durant des siècles et des millénaires, a façonnées au rythme des orages et des pluies torrentielles. Au loin, voilé par les brumes du printemps, règne le Canigou (2 784 m) recouvert encore par les dernières neiges.*

sur ce belvédère de premier ordre, une table d'orientation désigne par leur nom toutes ces montagnes. C'est une invitation à vagabonder dans leurs forêts épaisses, à suivre leurs sentiers obscurs, à arpenter leurs versants jusqu'au bout. Pic de Costabonne (2 465 m), Roc Colom (2 507 m), entre autres d'où le tour d'horizon est merveilleux sur le joli cirque verdoyant des sources du Tech, sur l'arête régulière qui conduit à l'omniprésent Canigou, et, au dernier plan, sur le Madrès. C'est à Roc Colom que la crête de roches cristallines s'infléchit progressivement avant de sombrer dans la fosse occupée par la Méditerranée, au cap Cerbère. Cette ondulation de monts prend le nom de "Chaîne des Albères".

Ainsi, sorties de l'Océan, les Pyrénées s'étirent sur 420 kilomètres en ligne droite avant de s'engloutir dans la Mer. 420 kilomètres de cimes fières et de sommets secondaires, de vallons frais, de cirques constellés de lacs, de versants couverts de forêts ou bien désertiques... Nous n'avons fait ici qu'entrevoir quelques uns de leurs sites. Le présent ouvrage se voulait simplement être une sorte d'"invitation au voyage", une invitation à parcourir nos belles montagnes.

Les Pyrénées sont immenses... Les Pyrénées sont inépuisables...

"Puissent les montagnes rester, pour l'homme d'aujourd'hui et celui de demain, la Terre Promise qui enfante le rêve et nourrit l'action. Puissent nos cœurs tressaillir chaque fois que leur profil deviné donne à l'horizon une âme.

"Le montagnard ne cherche pas, dans une folle conquête des cimes, à oublier la ville ou à se consoler du monde. Il cherche simplement, dans ce jardin candide de rocs, de torrents et de neiges, béni d'un soleil plus chaud et d'étoiles plus claires, à enraciner ses espérances..." (1)

(1) J.L. Pérès et J. Ubiergo : "Montagnes Pyrénées".

# Sommaire

*En pages suivantes :*
*Le pic de Montaspet (vallée de la Barousse), avec ses 1 849 mètres d'altitude, compte parmi les montagnes les plus modestes de la chaîne. Et pourtant, un lever de soleil, attendu depuis son sommet au cours d'un bivouac, est toujours un fabuleux moment.*

*En dernière de couverture :*
*Garganta d'Escuaïn.*

© Copyright 1995 - Éditions SUD-OUEST. Ce livre a été imprimé et relié par Pollina à Luçon - 85 - France. La photocomposition a été réalisée par ALFA à Bordeaux - 33. Mise en page du studio des Éditions Sud-Ouest à Bordeaux. Photogravure de NBC - 85 - France. ISBN : 2.87901.151-5
Éditeur: 498-02-05-05-96. - N° d'impression : 69864.